Grammar

Hallo! Der Stoff in diesem Grammatischen Beiheft müsste dir eigentlich recht vertraut sein. Alles, was du hier findest, wurde in deinen beiden ersten Englischbüchern behandelt. Da man aber manchmal doch etwas vergisst oder etwas noch einmal nachschauen möchte, weil man sich nicht mehr so ganz sicher fühlt, haben wir die „Regeln der englischen Sprache“ in diesem Heft noch einmal schön übersichtlich für dich zusammen gestellt. So kannst du jederzeit schnell nachsehen, wenn du

- etwas vergessen hast,
- etwas genau wissen willst,
- Hausaufgaben machst,
- dich auf einen Test oder eine Klassenarbeit vorbereitest.

Hier noch einige Hinweise, damit du dich auch in diesem Heft problemlos zurechtfindest:

Das Inhaltsverzeichnis gibt dir eine Übersicht, wie das Grammatische Beiheft aufgebaut ist. Der Stoff ist in ähnlichen Gruppen angeordnet, wie du das auch aus anderen grammatischen Nachschlagewerken gewohnt bist. Die einzelnen Untergruppen sind fortlaufend nummeriert. Die +Pensen sind für alle, die in **Swift 1** und **2** auch den *Track* 2 bearbeitet haben. Die Punkte in ⟨ ⟩ behandeln fakultativen Zusatzstoff.

Willst du zu einem bestimmten Begriff etwas nachschlagen und weißt nicht mehr, unter welcher Rubrik du suchen sollst, dann sieh einfach im alphabetischen Stichwortregister auf Seite 61 nach. Dort findest du alle grammatischen Erscheinungen mit Angabe des betreffenden Grammatikpunktes.

Für die Stichwortangaben und Überschriften benutzen wir die lateinischen Bezeichnungen, die du ja aus dem Unterricht kennst und die dir helfen, Vergleiche mit der deutschen Grammatik herzustellen.

Im Anhang findest du weitere nützliche Übersichten. Und natürlich wird alles auf Deutsch erklärt, denn das Lernen soll dir ja schließlich erleichtert werden. Aus diesem Grund haben wir übrigens auch die dir schon vertrauten Wegweiser beibehalten, an denen du dich orientieren kannst.

S = Sehen: Die Übersichten zeigen, was zusammengehört.

M = Merken: Die Merkhilfen unterstützen das Gedächtnis.

W = Wissen: Die Zusammenhänge und Hintergründe erleichtern das Verstehen und Behalten.

Also dann, viel Erfolg weiterhin!

Inhalt

Verben

Modale Hilfsverben

Weitere besondere Verben

Sätze und Satzgefüge

Sonstiges

Artikel und Mengenangaben

1 Der unbestimmte Artikel – The indefinite article

a	keyboard guitar ticket

Der unbestimmte Artikel besteht im Englischen normalerweise aus dem kurzen Wörtchen *a*.

Merken musst du dir allerdings, dass bei Wörtern, die mit einem Vokal (a, e, i, o, u) beginnen – *airport, electric, instrument, open* usw. – zur leichteren Aussprache ein *-n* an das *a* angehängt wird. *A window* ist richtig, aber bei *open window* muss es *an* heißen: *an open window*.

a	window guitar band	**an**	open window electric guitar English band

Eine Besonderheit musst du noch wissen: Viele Wörter, die mit *u* beginnen, z. B. *unit*, brauchen **kein** eingeschobenes *-n*, weil man im Anlaut nicht den Vokal, sondern ein j hört: *a unit*.

> W Den vielen deutschen Formen *ein, eine, einer, eines, einem, einen* entspricht im Englischen der alleinige unbestimmte Artikel *a/an*.

Beim Gebrauch des unbestimmten Artikels gibt es aber einige Unterschiede zum Deutschen, die du beachten musst.

She works as **a** teacher.
She's **an** actress.
He's **an** Englishman.

Wenn du z. B. über Berufsbezeichnungen oder Nationalitäten sprichst, brauchst du im Englischen immer den unbestimmten Artikel.

It's £8 **a** bottle.
We meet three times **a** week.

Bei Maß- und Zeiteinheiten musst du den unbestimmten Artikel ebenfalls verwenden.

What an excellent meal!
I had **such a** nice evening.

Außerdem gibt es feste Verbindungen mit *a/an*, die du dir gut einprägen solltest: *what a ..., such a ...*

2 Der bestimmte Artikel – The definite article

Auch beim bestimmten Artikel hast du es im Englischen viel einfacher als im Deutschen. Den vielen deutschen Formen (der, die, das, den, dem) entspricht im Englischen immer der Artikel *the*.

the [ðə]	window guitar minibus	**the** [ði]	airport electric instruments open door

Allerdings musst du wieder darauf achten, ob das folgende Wort mit einem Konsonanten oder einem Vokal beginnt. Anders als beim unbestimmten Artikel siehst du den Unterschied diesmal nicht im Schriftbild. Der bestimmte Artikel wird immer *the* geschrieben, aber unterschiedlich gesprochen.

Der bestimmte Artikel war ursprünglich ein Demonstrativpronomen. Seine Funktion besteht darin, bestimmte Personen oder Dinge aus einer größeren Anzahl herauszuordnen.

She is interested in pop music.

Kein Artikel vor Substantiven, die allgemein gebraucht werden.

She is interested in **the** pop music of the 90s.

Hier steht der bestimmte Artikel, weil eine spezielle Popmusik gemeint ist, nämlich die der 90er Jahre.

Hier eine Übersicht über die wichtigsten Fälle.

- **the** United States, **the** Netherlands
- **the** Thames, **the** Atlantic Ocean
- in **the** west
- **The** dog is a useful animal.

Es steht immer ein bestimmter Artikel bei:

- Ländernamen im Plural,
- Flüssen und Ozeanen,
- Himmelsrichtungen,
- Tieren als Gattungsbezeichnungen.

- England, Denmark
- Oxford Street, Piccadilly Circus
- February is the second month.
  We spent Easter at home. When is lunch?
- Salt is not good for your health.
- Life can be wonderful.
- School is over.
- He likes History.
- +They enjoyed singing.

Kein bestimmter Artikel wird verwendet bei:

- Ländernamen im Singular,
- Straßen, Plätzen, Brücken,
- Mahlzeiten, Wochentagen, Monaten und Jahreszeiten, Ferienzeiten (allgemein),
- Substanzen, die allgemein gebraucht werden,
- abstrakten Begriffen,
- Institutionen,
- Schulfächern,
- +Gerundien.

3 *Some* und *any*

S

Aussage: *some*	Frage: *any*	Verneinung: *any*
They've got **some** cheap watches.	Are there **any** sweets in the kitchen?	I can't find **any** shoes for my big feet.

Mit *some* und *any* kannst du eine unbestimmte Menge oder Anzahl ausdrücken. Im Deutschen werden *some* und *any* durch *etwas, einige* oder *ein paar* wiedergegeben. In bejahten Sätzen brauchst du *some,* in Fragen und verneinten Sätzen meistens *any.*

Can I have **some** ice cream, please?

Kann ich bitte etwas Eis haben?
(Es ist klar, dass es Eis gibt.)

In Fragen kann aber auch *some* stehen, und zwar dann, wenn du davon ausgehst, dass die Antwort ‚ja' lautet.

Do you need **any** help?

Brauchst du Hilfe?

Hier weißt du nicht, ob die Antwort ‚ja' oder ‚nein' sein wird. Im Deutschen werden *some* und *any* oft gar nicht wiedergegeben.

M

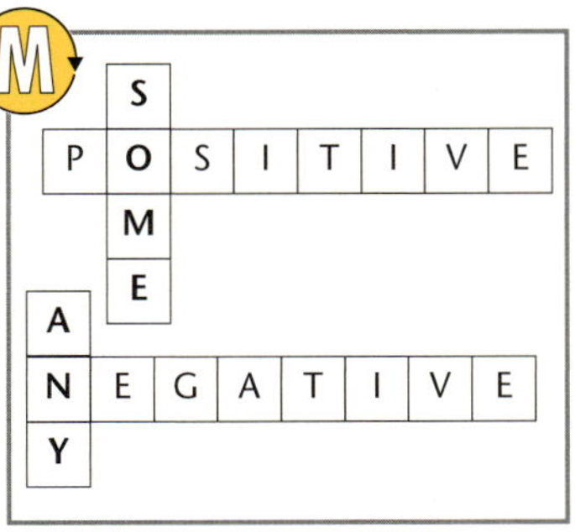

I'd like	a pair	of	boots, please.
Can I have	a glass	of	water, please?
Give me	a box	of	those sweets, please.

Bei Paarwörtern verwendest du für Mengenangaben immer *a pair of*. Bei der Mengenangabe von Substantiven, die nur im Singular stehen, umschreibst du die Menge mit *of*: *a piece of paper, a pound of butter, a cup of tea, etc*. Dies gilt auch für Sachen, die normalerweise nicht gezählt werden: *two packets of cornflakes, a box of sweets*. Zahlenangaben werden natürlich ohne *of* gemacht: *six sweets*.

4 Die Zusammensetzungen von *some* und *any* – The compounds of *some* and *any*

Something, somewhere, anybody, anyone usw. sind Zusammensetzungen von *some* und *any*. Die zusammengesetzten Wörter werden nach den gleichen Regeln verwendet wie *some* und *any* selbst.

S

Aussage: *some* ...	Frage: *any* ...	Verneinung: *any* ...
I want to buy **something** for his party.	Can you think of **anything?**	No, sorry. I can't think of **anything.**
My comic must be **somewhere.**	Have you seen it **anywhere?**	No, sorry. We can't find it **anywhere.**

M

some: someone, something, somebody, somewhere

any: anyone, anything, anybody, anywhere

5 *Much* und *many*

How **much** time have we got? – Not **much.**
Don't put so **much** salt on your chips!
We don't eat **much** ice cream.
Thank you very **much.**

Much verwendest du bei nicht zählbaren Substantiven. Es hat die Bedeutung *viel*. *Much* steht meist in Fragen und Verneinungen. In bejahten Sätzen kommt es vor allem in den Verbindungen *so much, too much* oder *very much* vor, ansonsten steht immer *a lot of* oder *lots of*: *We spend a lot of money on CDs*.

I haven't bought **many** computer games this year.
How **many** T-shirts have you got?

Bei den Pluralformen von zählbaren Substantiven kannst du nur *many* verwenden. Es bedeutet *viele*.

Substantive

6 Der Plural der Substantive (regelmäßige Formen) – The plural of nouns (regular forms)

1

one / a ticket	three tickets
one / a dog	two dogs

Die Pluralformen der Substantive sind im Englischen leicht zu bilden. Bei den meisten Substantiven wird einfach ein *-s* an die Singularform angehängt.

2

pilot	pilots	['paɪləts]
snack	snacks	[snæks]
shop	shops	[ʃɒps]

Bei der Aussprache des Plural-*s* musst du allerdings gut aufpassen. Nach stimmlos gesprochenen Lauten wie [t], [p] oder [k] wird das Plural-*s* ebenfalls stimmlos gesprochen.

3

dog	dogs	[dɒgz]
girl	girls	[gɜ:lz]
door	doors	[dɔ:z]
taxi	taxis	['tæksɪz]
window	windows	['wɪndəʊz]

Nach stimmhaft gesprochenen Konsonanten wie [g], [l] oder [r] sowie nach den Vokalen *a, e, i, o, u* und deren Verbindungen mit *-y* (z. B. *boy*) wird das Plural-*s* immer stimmhaft gesprochen. Es entscheidet grundsätzlich immer das, was man zuletzt hört. Bei *window* beispielsweise hört man am Schluss ein *-o* (oder genauer, ein [əʊ]), deshalb wird das Plural-*s* stimmhaft gesprochen.

7 Der Plural der Substantive (unregelmäßige Formen) – The plural of nouns (irregular forms)

1 Bei der regelmäßigen Pluralbildung bei Substantiven wird einfach ein *-s* an den Singular angehängt. Es gibt aber auch einige Substantive mit unregelmäßiger Pluralbildung. Diese Formen musst du einfach auswendig lernen – es sind nicht sehr viele.

one man	lots of **men**
one woman	lots of **women**
one child	lots of **children**

Achte auf die Aussprache: man [mæn], aber men [men], woman ['wʊmən], aber women ['wɪmɪn], child [tʃaɪld], aber children ['tʃɪldrən].

2 Neben den unregelmäßigen Formen, die du einfach lernen musst, gibt es noch ein paar Besonderheiten, die bei den regelmäßigen Pluralformen zu beachten sind.

one bus [bʌs]	lots of bus**es** ['bʌsɪz]
one box [bɒks]	lots of box**es** ['bɒksɪz]
one sandwich ['sænwɪdʒ]	lots of sandwich**es** ['sænwɪdʒɪz]

Generell gilt, dass das Plural-*s* zu hören sein muss. Das einfache Anhängen des *-s* führt aber bei Substantiven, die auf *-s, -z* oder einen Zischlaut (z. B. *ch, tch, sh*) auslauten, zu Ausspracheschwierigkeiten. Um das Plural-*s* hörbar zu machen, wird deshalb ein *-e-* vor dem *-s* eingeschoben.

one house [haʊs(!)]	lots of house**s** ['haʊzɪz]
one garage ['gærɑ:ʒ]	lots of garage**s** ['gærɑ:ʒɪz]

Bei anderen Substantiven ist am Wortende bereits ein stummes *-e* vorhanden. Das Plural-*s* macht dieses *-e* hörbar.

3

one baby	lots of bab**ies**
one hobby	lots of hobb**ies**
one family	lots of famil**ies**
one country	lots of countr**ies**

Bei Substantiven, die auf *-y* enden, kann sich im Plural die Schreibweise verändern. Die Aussprache bleibt davon unberührt. Wenn du die Beispiele anschaust, stellst du fest, dass vor dem *-y* immer ein Konsonant steht.

one boy	lots of boy**s**
one way	lots of way**s**

Anders ist es, wenn ein Vokal vor dem *-y* steht. Hier ändert sich beim Anhängen des Plural-*s* nichts.

4

kni**f**e	–	kni**ves**
scar**f**	–	scar**ves**
shel**f**	–	shel**ves**

In diesen Pluralformen wird *-f* durch *-ves* ersetzt. Da das aber nicht bei allen Substantive auf *-f* der Fall ist (z. B. *roof – roofs*), musst du dir die Formen einfach merken.

5 There **is** so much **rubbish** in the playground.

Diese Substantive werden als Ganzes betrachtet und deshalb auch nur mit der Singularform des Verbs verbunden.

M

Nicht zählbare englische Substantive können im Deutschen durchaus eine Pluralform haben: *money, homework, information*. Präge dir gut ein, dass sie im Englischen nur im Singular verwendet werden.

Du kennst aber auch Substantive, die im Englischen nur in der Pluralform vorkommen. Das sind z. B. Begriffe, die Einzelteile zusammenfassen. Sie werden immer mit der Pluralform des Verbs verbunden: *trousers, shorts, jeans, sunglasses, scissors.*

Wenn du nur einen Teil von ihnen benennen willst, kannst du dir mit *a pair of* oder *some* helfen.

S

Stoffe / Materialien	Charakteristika / Eigenschaften	Abstrakte Begriffe	Sonstige Begriffe
salt	safety	coolness	volleyball
oil	love	information	footwear
leather	luck	astronomy	money
rubbish	enjoyment	…	homework
…	…		…

8 +Das Gerundium – The gerund

Substantive bezeichnen in der Regel konkrete Gegenstände (*a tanker*), Personen (*a reporter*), Tiere (*a seabird*) oder abstrakte Sachverhalte (*a dialogue*). Du kannst aber auch Tätigkeiten mit Substantiven benennen: (das) Lesen, Schwimmen, Klettern usw. Im Englischen verwendest du dazu die *ing*-Form des Verbs: *reading, swimming, climbing* usw. Sie heißt *gerund.*

Bei der Bildung musst du auf die Schreibung achten.

swim	–	swimm**ing**	smil~~e~~	–	smil**ing**
sit	–	sitt**ing**	rid~~e~~	–	rid**ing**
shut	–	shutt**ing**	rescu~~e~~	–	rescu**ing**

1 **Birdwatching** can be interesting.
Sailing is fun.

Da das Gerundium die Eigenschaften eines Substantivs hat, kann es Subjekt eines Satzes sein.

2

I	like	**birdwatching**.
Do you	enjoy	**running**?
Mr Clifford	loves	**reading**.
They	hate	**working**.

Das Gerundium kann auch das Objekt eines Satzes sein. Es steht häufig nach Verben, die eine Vorliebe oder Abneigung ausdrücken, z. B. *like, enjoy, love, hate* usw.

S

Subjekt		**Objekt**
Going to carnivals	is great fun.	
Sailing	can be dangerous.	
Taking photos	is a good idea.	
	Jimmy enjoys	**sailing.**
	Liz likes	**taking** photos.

M

Das *gerund* kann sowohl Subjekt als auch Objekt eines Satzes sein.

Our dog is crazy about **chasing** cats.
(What is your dog crazy about?)

Einer Reihe von **Adjektiven** sind bestimmte Präpositionen fest zugeordnet: *good at, proud of, interested in, famous for, crazy about* usw. Nach diesen Verbindungen steht immer das *gerund.*

She was thinking of **buying** a new camera.
(What was she thinking of?)

Das gilt auch für **Verben**, die mit bestimmten Präpositionen fest verbunden sind: *to think of, to talk about* usw.

Pronomen und Zuordnungen

9 Substantive und Personalpronomen – Nouns and personal pronouns

Im Englischen werden alle Substantive kleingeschrieben, außer wenn sie am Satzanfang stehen oder Eigennamen sind. Das Geschlecht der Substantive erkennst du nicht wie im Deutschen am Artikel. Englische Substantive werden nach ihrem natürlichen Geschlecht unterschieden. Die Personalpronomen *he, she* und *it* zeigen das Geschlecht.

Tony Clifton, Sebastian, ...	**he**	(er)
Tessa, Sandra, Maike, ...	**she**	(sie)
instrument, door, dog, ...	**it**	(es)

Für eine Sache verwendest du immer *it*. Auch Tiere sind normalerweise *it*. Wenn du ein Tier aber gut kennst und den Eigennamen benutzt, sagst du *he* oder *she*.

Die Personalpronomen *I, you, he, she, it* stehen stets nur für **eine** Person, **eine** Sache oder **ein** Tier. Die Personalpronomen *we, you, they* stehen dagegen für **mehrere** Personen, Sachen oder Tiere.

S

	I	(ich)
	you	(du)
singular	**he**	(er)
	she	(sie)
	it	(es)
	we	(wir)
plural	**you**	(ihr / Sie)
	they	(sie)

Das Personalpronomen *I* wird im Englischen **immer** großgeschrieben.

You kann sowohl *du* (Singular) als auch *ihr* (Plural) oder *Sie* (höfliche Anrede) heißen. Mehr dazu in Punkt 10.

Tarkan, **you** are OK.	(du)
Are **you** the two singers in the band?	(ihr)
You are nice, Mr Clifton.	(Sie)

10 Der Gebrauch von *you* – The use of *you*

S

You	*du*	–	Mum, where are **you**?
	dir	–	Can I help **you**, Dad?
	dich	–	When can I phone **you**, Brenda?
	ihr	–	Hi, you two! **You** can start now.
	euch	–	Liz! Liam! I can't hear **you**!
	Ihnen	–	Can I give **you** the book, Ms Carey?
	Sie	–	Have **you** ever heard this song, Mr Wilson?

Soweit ist alles ganz einfach: Insgesamt sieben deutsche Pronomen drückst du im Englischen mit dem einen Wort *you* aus.

You must pay customs on that.
Dafür muss man Zoll zahlen.

It's not easy but **you** can find out.
Es ist nicht (ganz) leicht, aber man kann es herausfinden.

Es kommt noch eine weitere Bedeutung von *you* hinzu. Das Pronomen *you* kann auch für das unpersönliche *man* stehen.

11 Die Possessivbegleiter – The possessive determiners

1 Where's my CD?
It's in **its** box.

This is a nice cat!
What's **its** name?

Mit den Possessivbegleitern kannst du sagen bzw. fragen, zu wem oder was etwas gehört. Eine Singularform fehlt noch, und zwar *its*. Vorsicht, nicht verwechseln: *It's (it is) my CD. It's in its box.*
Mit *its* kannst du ausdrücken, was zu einer Sache oder einem Tier gehört. Wenn du ein Tier allerdings gut kennst, sagst du nicht mehr *its*, sondern *his* oder *her* (vgl. Punkt 9).

2 **Our** house is new.
Is **your** cat in the garden?
Their friends are nice.

Jetzt fehlen noch die Possessivbegleiter *our, your, their*. Mit ihnen kannst du ausdrücken, was zu mehreren Personen gehört.

S

singular	**my** bedroom	I	–	**my**
	your computer	you	–	**your**
	his T-shirt	he	–	**his**
	her CD	she	–	**her**
	its box	it	–	**its**
plural	**our** garden	we	–	**our**
	your family	you	–	**your**
	their garage	they	–	**their**

Hello! What's **your** name? (dein)
Hey, boys, where are **your** CDs? (eure)
Your hobby is nice, Mr Braden. (Ihr)

Für *your* gilt das gleiche wie für *you* (vgl. Punkt 10). Es kann *dein(e/r/s), eure(r/s)* oder *Ihr(e/r/s)* bedeuten.

12 Das Reflexivpronomen *-self/-selves* – The reflexive pronoun *-self/-selves*

Du kannst die Verbindungen mit *-self/-selves* einfach als Vokabeln lernen. Schau dir die folgende Übersicht gut an.

S

singular				*plural*			
I	–	**myself**	*(mir/mich) selbst*	we	–	**ourselves**	*(uns) selbst*
you	–	**yourself**	*(dir/dich) selbst*	you	–	**yourselves**	*(euch) selbst*
he	–	**himself**		they	–	**themselves**	*(sich) selbst*
she	–	**herself**	*(sich) selbst*				
it	–	**itself**					

I can do it **myself.**
Ich kann das selbst.

You must help **yourselves.**
Ihr müsst euch selbst helfen.

We bought **ourselves** these CDs.
Wir kauften uns diese CDs (selbst).

Pronomen mit *-self/-selves* verwendest du auch, wenn du sagen willst, dass jemand etwas für sich selbst getan hat.

The headmaster **himself** came to talk to us.
Der Schulleiter kam selbst, um mit uns zu sprechen.

Willst du etwas besonders hervorheben, kannst du ebenfalls die Reflexivpronomen benutzen.

Kate and Terry are looking at **themselves.**

Kate und Terry schauen sich (selbst) an.

Kate and Terry are looking at **each other**.

Kate und Terry schauen sich (gegenseitig) an.

Verwechsle *-self/-selves* nicht mit *each other*.
Das Reflexivpronomen bezieht sich immer auf das Subjekt zurück, während bei *each other* immer zwei Personen oder Lebewesen etwas gegenseitig tun.

13 Das substantivische Possessivpronomen – Possessive pronouns used as nouns

S

singular			*plural*		
my	–	**mine**	our	–	**ours**
you	–	**yours**	you	–	**yours**
his	–	**his** (!)	their	–	**theirs**
her	–	**hers**			

Das substantivische Possessivpronomen hat (bis auf *his*!) eigene Formen, die du dir gut merken musst.

Eine sächliche Form (für *it*) gibt es nicht.

Is that biro **mine** or **yours**?

Ist der Kuli da deiner oder meiner?

It belongs to my sister. It's **hers**.

Er gehört meiner Schwester. Es ist ihrer.

Das alleinstehende Possessivpronomen bezieht sich immer auf ein vorausgegangenes Substantiv.

My friend is in York. She is staying with **an uncle of hers**.

Meine Freundin ist in York. Sie wohnt bei einem ihrer Onkel.

Das substantivische Possessivpronomen kann auch zusammen mit *of* als Genitiv verwendet werden.
Diese Form (*double genitive*) verwendest du, wenn du z. B. ausdrücken willst, dass deine Freundin mehrere Onkel hat.

14 *This/that* und *these/those*

	here	over there
singular	**this**	**that**
plural	**these**	**those**

This is my book here and **that**'s your picture over there.

These are my friends here and **those** are your friends over there.

Im Englischen steht immer zuerst *this* und dann *that. This* deutet auf etwas Nahes hin, *that* auf etwas Entfernteres. *This* steht deshalb häufig zusammen mit *here, that* dagegen mit *over there*. Sind zwei Dinge gleich weit weg und werden sie einander gegenübergestellt, wird ebenfalls *this* vor *that* verwendet: *Look at these books: this is old and that is new.* Aus Aussprachegründen steht nach *this* immer die Langform (*this is*), nach *that* die Kurzform (*that's*). Zu *this* und *that* gibt es die entsprechenden Pluralformen *these* und *those*. Nach *these* und *those* steht immer *are*.

Die Menschen neigen – unabhängig von der Sprache – dazu, ein Wort mit einem *i* vor einem Wort mit einem *a* oder *o* auszusprechen: *zick-zack, ritsch-ratsch, tick-tack; ding-dong, ping-pong, King Kong*. Deshalb heißt es auch: *this – that* und *these – those*.

15 *There is/there are*

Mit *there is/there are* kannst du Sätze einleiten, wenn du auf Personen, Sachen oder Tiere hinweisen willst. Im Deutschen kann man dafür *es ist/es sind* bzw. *es gibt* verwenden.

	Aussage	**Verneinung**	**Frage**
singular	There is ... (There's ...)	There isn't ...	Is there ...?
plural	There are ...	There aren't ...	Are there ...?

There's a tree in front of the Cliftons' house.
Vor dem Haus der Cliftons ist (steht) ein Baum.

There are five terminals at Heathrow Airport.
Am Flughaften Heathrow gibt es fünf Terminals.

Wenn es sich um nur **eine** Person, **eine** Sache oder **ein** Tier handelt, steht *there is* (Kurzform: *there's*). Bei **mehreren** Personen, Sachen oder Tieren brauchst du *there are*. Aus Aussprachegründen gibt es keine Kurzform von *there are*.

Is there a tree in the front garden?
Yes, **there is**.

Are there flowers in the window?
No, **there aren't**.

Zur Fragebildung stellst du wieder um: *Is there ...? / Are there ...?* Und bei der Beantwortung der Fragen verwendest du die höflichen Kurzantworten anstelle von *yes* oder *no*.

16 Der *s*-Genitiv – The *s*-genitive

Bei Zuordnungs- und Besitzverhältnissen spielt immer der Genitiv eine Rolle.

Tessa**'s** friends	*Tessas Freunde/Freundinnen*
the pilot**'s** hobby	*das Hobby des Piloten/der Pilotin*
the Cliftons**'** house	*das Haus der Cliftons*
the boys**'** T-shirts	*die T-Shirts der Jungen*

W Noch kein Plural-*s* da?
Dann Apostroph + *s*.
Schon ein Plural-*s* da?
Dann nur ein Apostroph.

Wenn du sagen willst, dass jemand oder etwas zu einer oder mehreren Personen gehört, brauchst du den *s*-Genitiv. Im Singular hängt man zuerst einen Apostroph und dann ein *s* an das Substantiv an: *The girl's bedroom.*

An Pluralformen mit der Endung -*s* wird nur ein Apostroph angehängt: *The Cliftons' baby.* Bei der Aussprache ändert sich nichts. Deshalb musst du beim Zuhören gut aufpassen, ob von **einem** oder von **mehreren** Besitzern die Rede ist.

Endet ein Substantiv oder ein Name auf *s, z* oder einen Zischlaut (z. B. *ch, tch, sh*), wird die Genitivendung [ɪz] ausgesprochen: *Liz's hobby is pop music.* [ˌlɪzɪz ˈhɒbi]

the man**'s** bike	the men**'s** bikes
the woman**'s** magazine	the women**'s** magazines
the child**'s** bag	the children**'s** bags

Bei Substantiven mit unregelmäßigen Pluralformen (vgl. Punkt 7) wird ebenfalls erst ein Apostroph und dann ein *s* angehängt.

17 Der *s*-Genitiv und der *of*-Genitiv – The *s*-genitive and the *of*-genitive

Lots of people all over the world enjoy **Shakespeare's** plays.

In **Shakespeare's** time boys would play the **women's** parts.

Margaret **Herrick's uncle's** name was Oscar.

Some children enjoy Mr **Bean's** videos and they like his car.

But not everybody knows the titles **of** all his plays.

Unfortunately the music **of** the plays has been lost.

And now it is the nickname **of** the famous statuette for film awards.

And did you know? The name **of** his car is 'Ben Hur'.

Was es mit dem *s*-Genitiv auf sich hat, wurde in Punkt 16 ausführlich erläutert.

Der *of*-Genitiv gibt nicht den Personen-, sondern den Sachbezug, auch im Sinne von Themen- und Zeitbezug, an.

18 Der Apostroph beim *s*-Genitiv – The apostrophe with the *s*-genitive

Beim *s*-Genitiv spielt natürlich der Apostroph eine große Rolle.

Your **mother's** mother is your grandmother.
Your **parents'** parents are your grandparents.
The **children's** parents are their **grandparents'** children.
This is my **mother's father's** bike.
Sandra likes the **Bradens'** house and Mr **Braden's** hobby.
And Sandra understands **Liz's** problems.

Wenn du sagen willst, dass etwas oder jemand zu einer bestimmten Person gehört, brauchst du den *s-genitive.*

S

the **boy's** books	–	*die Bücher des Jungen*
the **boys'** books	–	*die Bücher der Jungen*
the **women's** bikes	–	*die Räder der Frauen*
the **children's** toys	–	*die Spielsachen der Kinder*
Ms **Mannings'** car Ms **Mannings's** car	–	*Ms Mannings Auto*

Im Singular brauchst du den Apostroph und das *s*.

Bei regelmäßigen Pluralformen mit *-s* im Auslaut, hängst du nur den Apostroph an.

Bei Substantiven mit unregelmäßigem Plural wird der Apostroph und das *s* angehängt: *men, women, children.*

Bei Familiennamen auf *-s* wird meist nur der Apostroph, manchmal auch Apostroph + *s* angehängt: *Mannings, Jones* usw.

M

Beachte bei der Aussprache :
1. Nach stimmlosen Konsonanten, z. B. [p, t, k] sprichst du [s],
2. nach stimmhaften Konsonanten, z. B. [b, d, g, m] sprichst du [z],
3. nach Zischlauten [s, z, ʃ, tʃ, dʒ] sprichst du [ɪz]: Liz's ['lɪzɪz] room.

Adjektive

19 Attributiver und prädikativer Gebrauch von Adjektiven – Attributive and predicative use of adjectives

The Cliftons have got a **big** fireplace.

The Cliftons' fireplace is **big.**

Ein Adjektiv kann entweder **vor** einem Substantiv (= attributiver Gebrauch) oder **nach** einer Form von *to be* stehen (= prädikativer Gebrauch).

Anders als im Deutschen, Französischen und Lateinischen verändert sich das Adjektiv im Englischen weder in attributiver noch in prädikativer Stellung.

20 Die Steigerung der Adjektive auf *-er* und *-est* – The comparison of adjectives with *-er* and *-est*

Im Englischen hängt die Form der Steigerung von der Länge eines Adjektivs ab. Kurze, einsilbige Adjektive (*short*) werden anders gesteigert als z. B. dreisilbige Adjektive (*expensive*). Die Steigerung auf *-er* und *-est* funktioniert ähnlich wie die Bildung von Komparativ und Superlativ im Deutschen: *kurz – kürzer – am kürzesten.*

Monica's story is **short.**

But Andrew's story is much **shorter.**

And Nicola has written the **shortest** story.

Den Komparativ bildest du, indem du *-er* an die Grundform eines Adjektivs anhängt: *old + er = older.*
Beim Superlativ hängst du *-est* an die Grundform an: *cold + est = coldest.*

Adjektiv	Komparativ	Superlativ
dark	dark**er**	(the) dark**est**
fast	fast**er**	(the) fast**est**
old	old**er**	(the) old**est**
small	small**er**	(the) small**est**
ugly	ugl**ier**	(the) ugl**iest**
clever	clever**er**	(the) clever**est**

Auf diese Weise werden gesteigert:

- alle einsilbigen Adjektive: *big, cheap, fast* usw.
- alle zweisilbigen Adjektive, die auf *-y* enden: *easy, crazy, tidy, funny, heavy* usw.
- manche anderen zweisilbigen Adjektive, die du dir einfach merken musst, z. B.: *clever, quiet.*

Auch bei der Bildung der Steigerungsformen musst du wieder auf die Schreibung achten.

big
bi**gger**
bi**ggest**

Nach betontem, einfachem Vokal wird der Endkonsonant verdoppelt: *hot, wet* usw.

nice
nice**r**
nice**st**

Auf ein stummes *-e* folgt nur *-r* oder *-st*: *late, safe* usw.

crazy
craz**ier**
craz**iest**

Bei Adjektiven, die auf *-y* enden, wird das *-y* zu *-i*: *hungry, silly, heavy* usw.

21 Die Steigerung der Adjektive mit *more* und *most* – The comparison of adjectives with *more* and *most*

Look at these T-shirts. They're **expensive.**

Yes, they are. But these blue ones are **more expensive.**

And those lovely red ones over there are the **most expensive** T-shirts in the shop.

Neben der Steigerung mit *-er* und *-est* gibt es auch die Steigerung mit *more* und *most.* Alle Adjektive, die mehr als zwei Silben haben, werden auf diese Weise gesteigert: *expensive – more expensive – most expensive (teuer – teurer – am teuersten).*

Adjektiv	Komparativ	Superlativ
expensive	**more** expensive	**most** expensive
positive	**more** positive	**most** positive
interesting	**more** interesting	**most** interesting
helpful	**more** helpful	**most** helpful

Alle Adjektive auf *-ing* werden ebenfalls mit *more* und *most* gesteigert: *boring.*
Ebenso die meisten zweisilbigen Adjektive, die nicht auf *-y* enden: *useful, famous.*

22 Unregelmäßige Steigerung der Adjektive – Irregular comparison of adjectives

These chips are **good.**
But the hot dogs are **better.**
And the ice cream is the **best** of all.

Analog zur Steigerung von *gut – besser – am besten,* werden im Englischen die Adjektive *good* und *bad* unregelmäßig gesteigert: *bad – worse – worst.*

23 Der Vergleich im Satz – Sentences with comparisons

Es gibt drei Grundmuster, mit denen du Gleichheit bzw. Ungleichheit ausdrücken kannst.

The green pullover is **as nice as** the blue one.	*genauso hübsch wie*
But the blue one is **not as cheap as** the green one.	*nicht so billig wie*
The blue pullover is **more expensive than** the green one.	*teurer als*

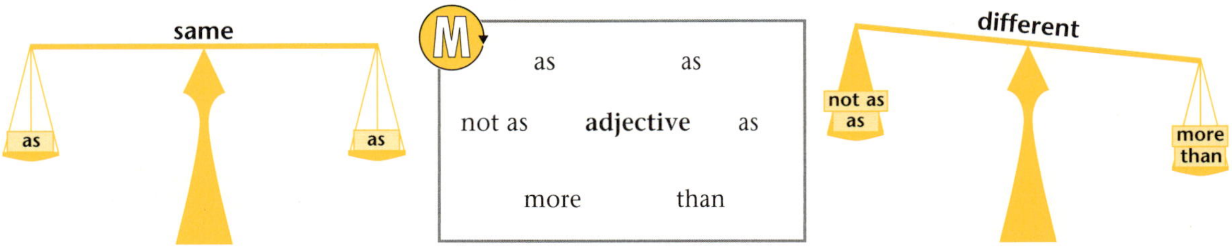

24 Adjektive als Substantive – Adjectives used as nouns

First they cared for the **sick.**
(… kümmerten sich um die (alle) Kranken.)

Then came the **old** and the **young.**
(… die Alten und die Jungen.)

The **poor** were very helpful.
The **good** were all on her side.

We talked to the **rich lady.**
We want to interview the **oldest person.**

Anders als im Deutschen kannst du Adjektive nur dann als Substantive verwenden, wenn du dich ganz allgemein auf die Gesamtheit von Personengruppen beziehst.

Die substantivierten Adjektive werden wie Pluralformen behandelt, haben aber kein Plural-*s*.

Bei Einzelpersonen musst du dem Adjektiv noch ein Substantiv beifügen: *person, man, boy, girl, woman* usw.

Adverbien

25 Adverbien – Adverbs of manner

She is very **nice.**

Wie sind Lebewesen oder Dinge beschaffen?
Welche Eigenschaften haben Sie?

Zur Beantwortung dieser Fragen, d. h. zum Beschreiben von Eigenschaften oder Zuständen wählst du immer ein Adjektiv, oft in Verbindung mit einer Form von *to be*.

She said that very **nicely.**

Wie wird etwas getan?
Auf welche Weise geschieht etwas?

Zur Beantwortung dieser Fragen, d. h. zur Beschreibung von Aktivitäten, brauchst du stets ein Adverb, das immer mit einem Verb verbunden ist.

Adverbien beschreiben die Art und Weise, in der etwas getan wird. Im Englischen musst du zwischen abgeleiteten und nicht abgeleiteten Adverbien unterscheiden.

1 Abgeleitete Adverbien

nice	nice**ly**	sudden	sudden**ly**
stupid	stupid**ly**	silent	silent**ly**
clear	clear**ly**	loud	loud**ly**

Die von Adjektiven abgeleiteten Adverbien stellen die größte Gruppe dar. Die Ableitung erfolgt durch Anhängen der Endung *-ly*.

Bei einigen Ableitungen auf *-ly* musst du Schreibveränderungen beachten:

Verdoppeln des auslautenden *-l*:

careful – careful**ly**
awful – awful**ly**
usual – usual**ly**
real – real**ly**

Verwandlung von *-y* in *-i-*:

easy – eas**ily**
happy – happ**ily**
hungry – hungr**ily**

Entfallen des stummen *-e*:

possible – possi**bly**
terrible – terri**bly**

She is a careful driver.	She drives careful**ly.**
Our dog is so hungry.	He eats his food hungr**ily.**
Jimmy is happy.	He sings happ**ily.**

Viele Adverbien sind von Adjektiven abgeleitet. Du erkennst sie an der Endung *-ly*, die an das Adjektiv angehängt ist: *slow – slowly, bad – badly, careful – carefully* usw.
Bei Adjektiven auf *-y* wird das *-y* vor der Endung *-ly* zu *-i*: *easy – easily.*

Our teacher is very **good** at grammar.
She explains grammar very **well.**

Das Adverb zu *good* heißt *well.*

Peter is **fast.**	Peter runs **fast.**
You are **late.**	You often come **late.**
She is **early.**	She always gets up **early.**

Bei den nicht abgeleiteten Adverbien sind die Formen mit den Adjektivformen identisch. Sie können je nach Kontext entweder als Adjektiv oder als Adverb verwendet werden.

S

Adjektiv	Beispielsatz	Adverb	Beispielsatz
quick	Harry is a **quick** boy.	quickly	He gives his answers **quickly.**
loud	Your dog is so **loud.**	loudly	Why does he bark so **loudly**?
clear	Our teacher's explanations are always **clear.**	clearly	She always explains things **clearly.**

2 Nicht abgeleitete Adverbien

S

good – **well**		fast – **fast**	
hard – **hard**		late – **late**	

Nicht abgeleitete Adverbien gibt es natürlich auch. Du musst sie dir einfach merken.

Adjektiv	Adverb
That was **hard** work.	Yes, they worked **hard.**
Your dog is **fast**!	Yes, he can run very **fast.**
Oh, am I **late** again?	Yes, you often come **late.**

Bei *hard, fast* und *late* musst du aufpassen, weil diese Formen sowohl als Adjektive als auch als Adverbien gebraucht werden können.

She arrived **early** in the morning.
They explained it to us in a very **friendly** way.

Zu dieser Gruppe gehören auch Wörter, die bereits ein *-ly* am Ende haben: *early*. Hier sorgt die Umschreibung *in a … way* für Klarheit.

3 Steigerung der Adverbien – Comparison of adverbs

You didn't understand that?
OK, then I must explain it **more clearly.**

Jimmy writes **most clearly.**
This story is for my baby sister because she reads **more slowly** than other children.

Genau wie Adjektive, kannst du natürlich auch Adverbien steigern.

Alle abgeleiteten Adverbien werden mit *more* und *most* gesteigert.

early	earli**er**	earli**est**
late	lat**er**	lat**est**
fast	fast**er**	fast**est**

Die Steigerung aller anderen Adverbien erfolgt wie die der einsilbigen Adjektive auf *-er* und *-est.*

well	**better**	**best**
badly	**worse**	**worst**

Die Steigerungsformen zu *well* und *badly* sind mit den Steigerungen der Adjektive *good* und *bad* identisch.

26 Adverbien der Häufigkeit – Adverbs of frequency

Subjekt	Satzergänzung (Adverb)	Verb	Objekt
The dog	**sometimes**	chases	the cat.
Liz	**never**	forgets	Milly's food.

Im *simple present* stehen die Adverbien der Häufigkeit (*sometimes, often, never, usually, always*) meistens zwischen Subjekt und Verb. Verb und Objekt bilden eine feste Einheit. Es können keine anderen Wortarten oder Satzteile eingeschoben werden. Dagegen im Deutschen: *Der Hund jagt manchmal die Katze. Liz vergisst nie Millys Futter.*

27 Adverbien der Zeit und des Ortes – Adverbs of time and place

Du weißt bereits, dass es verschiedene Arten von Adverbien gibt. Hier geht es um *adverbs of time* und *adverbs of place*.

1 Bei den *adverbs of time* gibt es zunächst die Adverbien der unbestimmten Zeit und Häufigkeit. Sie stehen in der Regel unmittelbar vor dem Vollverb.

We **often** miss the bus.

Zu diesen Adverbien gehören z. B. *sometimes, mostly, always, often, never, hardly, ever, soon, usually.*

Sometimes we miss the bus.

Einige dieser Adverbien, z. B. *soon* und *sometimes,* können auch am Satzanfang stehen.

There has **always** been a problem with bullies.

In Sätzen mit Hilfsverben oder Modalverben steht das Adverb immer direkt nach dem Hilfsverb bzw. Modalverb.

2 Neben den Adverbien der unbestimmten Zeit und Häufigkeit gibt es bei den *adverbs of time* auch die Adverbien der bestimmten Zeit und Häufigkeit. Die Adverbien der bestimmten Zeit können am Anfang oder Ende des Satzes stehen. Die Adverbien der bestimmten Häufigkeit findest du nur am Ende des Satzes. Beide Formen stehen nie in der Mitte des Satzes.

Yesterday we watched a good film.

Zu den Adverbien der bestimmten Zeit gehören *today, yesterday, tomorrow* usw.

They watched that film **twice.**

Adverbien der bestimmten Häufigkeit sind *daily, weekly, once, twice* usw.

Last year my brother bought a new computer. I bought my new computer **a few weeks ago.**

Wortgruppen wie *last night, next weekend, a few weeks ago* usw. sind zusammengesetzte adverbiale Bestimmungen, die genau wie einzelne Adverbien behandelt werden. Auch sie stehen entweder am Satzanfang oder am Ende, nie aber in der Mitte.

3 Neben den Zeitadverbien kennst du auch Adverbien des Ortes. Sie stehen meist am Ende des Satzes. Manchmal findest du sie auch am Satzanfang, nie aber in der Mitte.

We heard a loud noise **outside.**

Zu den Ortsadverbien gehören *here, there, upstairs, outside, somewhere, everywhere* usw.

Ann met her dad **at the clothes shop**. He stood at the bus stop **every morning**.

Ortsangaben bestehen oft aus Wortgruppen: *in London, at the clothes shop, back home* usw. Auch sie stehen nie in der Mitte des Satzes. Treten in einem Satz sowohl Ortsadverb als auch Zeitadverb auf, steht die Zeitangabe entweder am Satzanfang oder nach der Ortsangabe.

Verben

28 Das Präsens von *to be* – The simple present of *to be*

1

	Kurzform	Langform	Frage	Verneinung
	I'm ...	I am ...	Am I ...?	I'm not ...
	You're ...	You are ...	Are you ...?	You aren't ...
singular	He's ...	He is ...	Is he ...?	He isn't ...
	She's ...	She is ...	Is she ...?	She isn't ...
	It's ...	It is ...	Is it ...?	It isn't ...
	We're ...	We are ...	Are we ...?	We aren't
plural	You're ...	You are ...	Are you ...?	You aren't ...
	They're ...	They are ...	Are they ...?	They aren't ...

2

She **isn't** a singer.
You **aren't** English.
They **aren't** in the minibus.
I**'m not** from London.

Bei der Verneinung von *to be* brauchst du eine weitere Kurzform. *Not* wird zu *n't* verkürzt und direkt an die Form von *to be* angehängt: *isn't, aren't*. Beachten musst du allerdings, dass in der 1. Person **immer** die Langform von *not* verwendet wird.

29 Kurzformen – Short forms

1 *I'm* ist die Kurzform von *I am* (ich bin ... / ich heiße ...). Mit *I'm* ... kannst du dich z. B. vorstellen oder sagen, wie es dir geht. *I am* ... hört man seltener, da die Langform *am* eine starke Betonung ausdrückt.

Let's ... ist aus *let us* ... entstanden (lass/t uns ...). Die Langform *let us* ... hört man nur noch selten. Sie klingt veraltet, etwa wie das deutsche *lasset uns* ... Mit *let's* ... kannst du Vorschläge machen: *Let's go.*

2 Wann verwendet man die Kurzform, und wann die Langform?

Kurzform	Langform
– beim Sprechen – beim Aufschreiben von Gesprächen – in persönlichen Briefen an Freunde	– beim Schreiben von Aufsätzen und Berichten – in offiziellen Briefen an nicht näher bekannte Personen

We're in Islington. → **Are we** in Islington?
He's a good friend. → **Is he** a good friend?

Wenn du Fragen stellst, musst du **immer** die Langform verwenden. Wie im Deutschen werden auch im Englischen bei einer Frage mit *to be* (sein) Subjekt und Prädikat umgestellt. Man nennt das Inversion.

30 Der Apostroph – The apostrophe

Zur Wiederholung hier noch einmal die Fälle, in denen dir bei den Kurzformen ein Apostroph begegnen kann.

Der Apostroph zeigt immer an, dass etwas ausgelassen wurde. Leicht zu merken sind die ausgelassenen Vokale. Davon gibt es zum Glück nicht allzu viele. Der Apostroph kann auch für zwei und mehr ausgelassene Buchstaben stehen. Schau dir die Übersicht an:

I'm / you're / we're / they're	Der Apostroph steht für das entfallene **a** in *am/are*.
he's / she's / it's / that's	Der Apostroph steht für das entfallene **i** in *is*.
let's	Der Apostroph steht für das entfallene **u** im Wort *us*. (*Let us* ist veraltet.)
isn't / aren't / wasn't / weren't / don't / doesn't / didn't / hasn't / haven't / hadn't / can't / wouldn't / shouldn't / mustn't / needn't	Der Apostroph steht für das entfallene **o** in *not*.
he's got / we've got	Der Apostroph steht für **h** und **a** in *has / have*.
I'll / you'll / he'll / she'll	Der Apostroph steht für **w** und **i** im Wort *will*. (Achtung: *will + not = won't*!)
I'd (like to)	Der Apostroph steht für *woul* im Wort *would*.

31 Kurzantworten auf Fragen mit *to be* – Short answers with *to be*

Anstatt auf eine Frage nur mit *yes* oder *no* zu antworten, benutzt man im Englischen meist eine Kurzantwort mit dem Verb oder Hilfsverb. Kurzantworten klingen höflicher als ein knappes *yes* oder *no*.

Frage	Bestätigung	Verneinung
Are you Mr Clifton?	Yes, I am.	No, I'm not.
Am I late (*spät*)?	Yes, you are.	No, you aren't.
Is he a pilot?	Yes, he is.	No, he isn't
Is Tessa in the minibus?	Yes, she is.	No, she isn't.
Is the dog OK?	Yes, it is.	No, it isn't.
Are you from Germany?	Yes, we are.	No, we aren't.
Are we in Islington?	Yes, you are.	No, you aren't.
Are they at the check-in?	Yes, they are.	No, they aren't.

32 Die Fragewörter *who/what/where/how* in Verbindung mit *is* – The question words *who/what/where/how* in connection with *is*

Bei der Verbindung der Fragewörter *who, what* und *where* mit *is* kannst du auch in der Frage die Kurzform verwenden. Ansonsten steht in der Fragestellung immer die Langform.

W
who = wer
where = wo

S

Frage (Langform)	Frage (Kurzform)	Antwort
Who is in the garden?	Who's in the garden?	Liz.
What is in the box?	What's in the box?	A dog.
Where is the CD?	Where's the CD?	On the table.
How old is he?	–	He's 15.
What can we say?	–	Let's say hello.
Where can we play?	–	In the garage.

33 *Has got/have got*

1

Liam **has got** a computer.
Has he **got** a modem too?
Yes, he **has.**

Mrs Braden **has got** a computer too.
And **has** she **got** a modem?
No, she **hasn't.**

he**'s got**	he **has got**
she**'s got**	she **has got**
it**'s got**	it **has got**

Wenn man sagen will, dass jemand etwas besitzt oder dass bestimmte Teile zu etwas gehören, benutzt man *he/she/it has got.* Bei *has got* gibt es wieder eine Kurz- und eine Langform.

Bei Fragen brauchst du immer die Langform. Mit *Has …* leitest du die Fragen ein, *got* steht immer nach der Personen- oder Sachbezeichnung: *Has Liam got …?/Has it got …?* Bei der Verneinung verwendest du *hasn't got.* Die Kurzform wird genau wie bei *isn't/aren't* gebildet. Aus *has not* wird *hasn't.*

2 Bislang ging es nur um die 3. Person Singular in Verbindung mit *has got.* Bei allen anderen Personen steht *have got.* Auch hier gibt es Kurzformen: *I've got …* Die verneinte Form lautet: *I haven't got …* Fragen bildet man genau wie bei *has got: Have you got …?*

S

	Aussage	Verneinung	Frage
	I**'ve got**	I **haven't got**	**have** I **got?**
	you**'ve got**	you **haven't got**	**have** you **got?**
singular	he**'s got**	he **hasn't got**	**has** he **got?**
	she**'s got**	she **hasn't got**	**has** she **got?**
	it**'s got**	it **hasn't got**	**has** it **got?**
	we**'ve got**	we **haven't got**	**have** we **got?**
plural	you**'ve got**	you **haven't got**	**have** you **got?**
	they**'ve got**	they **haven't got**	**have** they **got?**

has	Yes, she **has.**	No, she **hasn't.**
have	Yes, I **have.**	No, I **haven't.**

Auf Fragen mit *has got/have got* antwortest du wieder mit den höflichen Kurzantworten. Dabei entfällt *got.*

34 Das Präsens (einfache Form) – The simple present

1 S

I	play	the guitar.
You	play	tennis.
He	play**s**	in the garage.
She	play**s**	with the dog.
It	play**s**	with a ball.
We	play	hockey at school.
You	play	in a band.
They	play	at the weekends.

Bei *I, you, we, they* hat das Verb die gleiche Form wie der Infinitiv (ohne *to*). Bei *he, she, it* wird ein *-s* angehängt. Die Aussprache und Schreibung der Verben in der 3. Person Singular erfolgen nach den gleichen Regeln wie die Pluralformen der Substantive.

M

He, she, it, das -s muss mit.

I go [gəʊ]	he go**es** [gəʊz]
I say [seɪ]	she say**s** [sez]
I do [du:]	it do**es** [dʌz]

Achte auf die Besonderheiten in der Schreibung bzw. Aussprache bei diesen Verben.

I play	She play**s** the keyboard.
I bully	He bull**ies** the girls.

Auch bei den Verben auf *-y* musst du aufpassen. In der 3. Person Singular gelten die gleichen Regeln wie bei den Pluralformen der Substantive.

2 S

Aussprachevarianten in der 3. Person Singular

-**s** [s]	-**es** [ɪz]	-**s** [z]
like**s** bark**s** help**s** eat**s**	chas**es** watch**es** chang**es**	give**s** listen**s** sing**s**
nach den Lauten [f][k][p][t]	*nach allen Zischlauten,* *z. B.* [s][tʃ][dʒ]	*nach allen anderen Lauten*

Tarkan usually goes to school on his bike.
He often does his homework in the kitchen.

Das *simple present* brauchst du um über Gewohnheiten und gewohnheitsmäßige, d. h. immer wiederkehrende Handlungen zu sprechen und zu schreiben.

After school Liz goes to her uncle's garage.
She says hello to Milly.
Then she gives her something to drink.

Außerdem wird das *simple present* verwendet um Geschichten zu erzählen, in denen eine Sache nach der anderen geschieht.

I think it's great.
I hate hot dogs.

Mit dem *simple present* kannst du außerdem Vorlieben und Abneigungen ausdrücken.

35 Die Wortstellung in Aussagesätzen im Präsens – The word order in statements in the simple present

Subjekt	Verb	Objekt
Liam	has got	a new computer.
Sandra	can use	the modem.
The boy	bullies	the girls.
The man	plays	an instrument.

Die Wortstellung im englischen Aussagesatz lautet: **Subjekt – Verb – Objekt = SVO.**

	S	V	O
	Liz	plays	with Milly every day.
Every day	Liz	plays	with Milly.

Anders als im Deutschen kannst du diese Reihenfolge nicht verändern. Auch Zeitangaben wie *after school, every day* usw. ändern nichts daran. Sie stehen entweder am Anfang oder am Ende des Satzes. Dagegen im Deutschen: *Liz spielt jeden Tag mit Milly. / Jeden Tag spielt Liz mit Milly.*

36 Verneinte Sätze mit *do* und *does* – Negative sentences with *do* and *does*

	Hilfsverb	Vollverb				Hilfsverb	Vollverb	
I	–	play	the guitar	but	I	**don't**	play	the saxophone.
She	–	likes	cats	but	she	**doesn't**	like	dogs.

do + not (n't) = **don't**
does + not (n't) = **doesn't**

Wenn du etwas verneinen willst, brauchst du in der Regel dazu ein Hilfsverb und den Infinitiv eines Vollverbs. Gibt es im Aussagesatz kein Hilfsverb (*I play the guitar*), musst du eines ergänzen. Das ist immer das Hilfsverb *do* bzw. *does*. Von diesen beiden Wörtern bildest du die verneinten Formen.

Wenn es im Aussagesatz bereits ein Hilfsverb gibt (*I can play the guitar*), brauchst du *do* bzw. *does* zur Verneinung nicht: *I can play the guitar but can't play the saxophone.*

37 Fragen und Kurzantworten mit *do/don't* und *does/doesn't* – Questions and short answers with *do/don't* and *does/doesn't*

S

Frage	Bestätigung	Verneinung
Do you like cats?	Yes, I **do.**	No, I **don't.**
Do children like homework?	Yes, they **do.**	No, they **don't.**
Does Liz play with Milly?	Yes, she **does.**	No, she **doesn't.**
Does a dog like hot dogs?	Yes, it **does.**	No, it **doesn't.**

Do und *don't* stehen bei den Personalpronomen *I, you, we, they.* In der 3. Person Singular brauchst du wieder *does* und *doesn't.* Das gilt auch für die Fragen und die entsprechenden Kurzantworten. In den Kurzantworten auf Entscheidungsfragen (*yes/no*-Fragen) wird immer die Form von *do* wiederholt, nicht das Vollverb.

Hilfsverb	Subjekt	Verb	Objekt
Do	you	like	Maths?
Does	James	love	dogs?
Does	Joanna	hate	sports?
Do	they	want	more homework?

Wie bei der Verneinung brauchst du auch bei der Frage ein Hilfsverb und den Infinitiv eines Vollverbs. Ist in dem Aussagesatz (*I like Maths*) kein Hilfsverb vorhanden, musst du wieder *do* bzw. *does* ergänzen. Das Hilfsverb steht **immer** vor dem Subjekt, das Vollverb danach (Regel: **SVO**).

38 Fragen mit Fragewörtern und *do/don't* und *does/doesn't* – Questions with question words and *do/don't* and *does/doesn't*

Die Wortstellung **SVO** bleibt auch bei Fragen mit Fragewörtern unverändert.

Fragewort	Hilfsverb	Subjekt	Verb	Objekt
What	**do**	you	like?	
Why	**don't**	they	want	a hot dog?
When	**does**	Ben	do	his homework?
Why	**doesn't**	Joanna	like	bullies?
Who	**do**	you	love?	

W Beachte:

Who loves Stephanie?
(who = *wer/Subjekt)*

Who **does** Stephanie love?
(who = *wen/Akkusativobjekt)*

39 Die Verlaufsform des Präsens (Aussage und Verneinung) – The present progressive (statements and negations)

1

	Form von *to be*	Verb + *-ing*		
A man	**is**	eat**ing**	fire.	*Ein Mann schluckt (gerade) Feuer.*
Lots of people	**are**	watch**ing**	him.	*Die Leute schauen ihm (gerade) zu.*

Wenn du erzählen willst, was jemand gerade macht (oder nicht macht), verwendest du die Verlaufsform des Präsens: *am/is/are* + *verb* + *-ing*. Im Deutschen gibt es keine vergleichbare Form. Es wird einfach das Präsens verwendet. Die entsprechende Bedeutung wird oft mit *gerade, im Augenblick* oder *im Moment* wiedergegeben.

Natürlich gibt es auch hier wieder einige Ausnahmen. Du kannst z. B. von Verben wie *know, think, like, love* oder *want* in der Regel keine *progressive form* bilden, da diese Verben Wissen, Meinung, Gefühle oder Wünsche ausdrücken und sich deshalb nicht nur auf den Augenblick der Aussage beziehen.

S

	Aussage	Verneinung
singular	I'm listen**ing** to my new CD.	I'm not listen**ing** ...
	You're stand**ing** on my foot.	You aren't stand**ing** ...
	He's eat**ing** fire.	He isn't eat**ing** ...
	She's juggl**ing** with some balls.	She isn't juggl**ing** ...
	It's happen**ing** near Covent Garden.	It isn't happen**ing** ...
plural	We're watch**ing** TV.	We aren't watch**ing** ...
	You're sitt**ing** on my books, girls!	You aren't sitt**ing** ...
	They're sing**ing** a new song.	They aren't sing**ing** ...

2 Bei der Bildung der Verlaufsform musst du einige Besonderheiten in der Schreibung beachten.

Liam is writ**ing** an e-mail. Maike is mak**ing** a poster.	writ~~e~~ + ing mak~~e~~ + ing	Endet der Infinitiv auf ein stummes *-e*, entfällt das *-e* in der Verlaufsform.
Jimmy is sitt**ing** on the table. They are runn**ing** around the tree.	sit + t + ing run + n + ing	Steht im Infinitiv ein kurzer, betonter Vokal vor dem Endkonsonanten, wird der Konsonant verdoppelt.
Milly is ly**ing** on the floor.	l~~ie~~ + y + ing	Steht am Ende des Infinitivs ein *-ie*, wird es zu *-y*.

40 Die Verlaufsform des Präsens (Frage und Kurzantwort) – The present progressive (questions and short answers)

Is the man eating fire?
Are the people watching him?

Um Fragen mit der Verlaufsform zu bilden, stellst du die konjugierte Form von *to be* an den Satzanfang.

Bei den Antworten werden in der Regel die Kurzantworten mit *to be* verwendet.

Frage	**Bestätigung**	**Verneinung**
Are you wear**ing** new shoes?	Yes, I am.	No, I'm not.
Am I sitting on your book?	Yes, you are.	No, you're not.
Is he go**ing** out today?	Yes, he is.	No, he isn't.
Is Maike sitt**ing** in your bedroom?	Yes, she is.	No, she isn't.
Is the dog drink**ing** water?	Yes, it is.	No, it isn't.
Are you (two) talk**ing** about that man?	Yes, we are.	No, we aren't.
Are we go**ing** to assembly too?	Yes, you are.	No, you aren't.
Are they runn**ing** around the tree?	Yes, they are.	No, they aren't.

41 *Present progressive* und *simple present* (Gegenüberstellung)

The girls **are** play**ing** football in the gym.

It **is** rain**ing** at the moment.

Mit dem *present progressive* drückst du aus, was gerade geschieht und zum Zeitpunkt der Aussage noch nicht beendet ist.

W Signalwörter für das *present progressive* sind: *now, at the moment, just, etc.*

They usually **play** outside.

It often **rains** in winter.

Das *simple present* verwendest du, wenn du sagen willst, was regelmäßig, manchmal, oft oder nie geschieht.

First Liam **puts** on his hat and scarf.
Then he **runs** downstairs.
After that he **checks** his purse.
Then he **calls** Liz.
After that he …

Mit dem *simple present* schilderst du aber auch Handlungen die nacheinander geschehen.

W Signalwörter für das *simple present* sind: *always, sometimes, often, usually, never, etc.*

42 Das Präteritum von *to be* und *to have* – The simple past of *to be* and *to have*

1 Das *simple past* brauchst du um Geschichten zu erzählen oder über Ereignisse zu berichten, die in der Vergangenheit liegen.

S

Today	I am happy but ... you are funny but ... she is at home but ... we are early but ... they have two modems but ...	... yesterday	I **was** unhappy. you **were** not funny. she **was** at school. we **were** late. they **had** only one.

Das *simple past* von *to be* lautet: **was** (mit *I, he, she, it*), **were** (mit *you, we, they*).

Das *simple past* von *to have* lautet: **had** (bei allen Personen).

W

Signalwörter für das *simple past* sind: *yesterday, ago, last week/month/year, in 1998, etc.*

2 Die Verneinung von *was, were* und *had* funktioniert genauso wie bei *isn't/aren't* und *hasn't/haven't*. Die Kurzform von *not* = *n't* wird direkt angehängt: *wasn't, weren't, hadn't*.

3

Frage	Bestätigung	Verneinung
Was it in his pocket?	Yes, it was.	No, it wasn't.
Were they angry?	Yes, they were.	No, they weren't.

Auf Fragen mit *was* und *were* antwortest du wieder mit den Kurzantworten. Sie sind höflicher als ein einfaches *yes* oder *no*.

Hier noch eine Übersicht über die Präteritumformen von *to be*. (Für *have / had* ist sie ja nicht nötig!)

S

Today At the moment	I	**am**	at home	but	yesterday last week	I	**was**	at the Carnival.
	you	**are**	early			you	**were**	late.
	he	**is**	happy			he	**was**	unhappy.
	she	**is**	at school			she	**was**	at home.
	it	**is**	hot in London			it	**was**	not so hot.
	we	**are**	the first			we	**were**	the last.
	you	**are**	nice			you	**were**	not so nice.
	they	**are**	at home			they	**were**	with their friends.

Zum Erzählen von Geschichten und zum Berichten brauchst du das *simple past*. Alle Handlungen, von denen du erzählst, müssen aber eindeutig vergangen und abgeschlossen sein.

I, he, she, it	**was**	(*singular*)
you, we, they	**were**	(*plural*)

Für das *simple past* von *to be* brauchst du zwei Formen.

M

to be → **was / wasn't**
to be → **were / weren't**

It **wasn't** hot yesterday.
We **weren't** in Islington a week ago.

Die Verneinung von *was* und *were* bildest du genau wie bei *isn't* und *aren't*: Das verkürzte *not* = *n't* wird direkt angehängt.

Auf Fragen mit *was* und *were* reagierst du höflich und verbindlich mit den Kurzantworten. Du erinnerst dich bestimmt, dass ein einfaches *yes* oder *no* eher unhöflich klingt.

Frage	Bestätigung	Verneinung
Was she late?	Yes, she **was.**	No, she **wasn't.**
Were they at the Carnival?	Yes, they **were.**	No, they **weren't.**

Dass Ereignisse oder Begebenheiten wirklich vergangen und abgeschlossen sind, sagen dir Signalwörter wie: *yesterday, ago, last week/month/year/ ..., in 1999,* etc.

43 Das Präteritum (regelmäßige Formen) – The simple past (regular forms)

	I	walk**ed**	along the street.
	You	show**ed**	me your photos.
singular	He	laugh**ed**	at me.
	She	cri**ed**	a bit.
	It	rain**ed**	yesterday.
	We	listen**ed**	to some music.
plural	You	talk**ed**	to us.
	They	wait**ed**	for me.

Das *simple past* von regelmäßigen Verben bildest du, indem du die Endung *-ed* an die Stammform des Verbs anhängst: *walk + ed = walked*. Diese Form ist für alle Personen gleich.

Bei der Aussprache und Schreibung der *simple past*-Formen musst du einige Besonderheiten beachten.

Beachte beim Sprechen

show – show**ed** listen – listen**ed** arrive – arriv**ed**	Nach Vokalen und stimmhaften Konsonanten spricht man [d].
walk – walk**ed** watch – watch**ed** pack – pack**ed**	Nach stimmlosen Konsonanten spricht man [t].
wait – wait**ed** want – want**ed**	Nach den Endkonsonanten *-t* und *-d* spricht man [ɪd].

Beachte beim Schreiben

phone – phon**ed** live – liv**ed** like – lik**ed**	Endet der Infinitiv auf ein stummes *-e*, wird nur ein *-d* angehängt.
stop – sto**pped**	Nach einem kurzen, betonten Vokal wird der Endkonsonant verdoppelt.
cry – cr**ied** try – tr**ied**	Verben, die auf Konsonant + *-y* enden, erhalten die Endung *-ied*. Aber: *play – played, stay – stayed*!

44 Das Präteritum (unregelmäßige Formen) – The simple past (irregular forms)

Du kennst auch im Deutschen regelmäßige und unregelmäßige Präteritumformen: *kommen – kam, singen – sang*. Ähnlich ist es im Englischen.

I **woke** up early	wake	–	woke
They **came** later.	come	–	came

I **saw** them in the store.	see	–	saw
They **went** to the computer games.	go	–	went
We **thought** they were shoplifters.	think	–	thought

Zur Bildung der unregelmäßigen Formen gibt es keine Regel. Du musst sie einfach auswendig lernen. Eine Liste mit den unregelmäßigen Verben findest du auf den Seiten 59 / 60 in diesem Heft.

Am besten kannst du die Verben gruppenweise nach Lautung oder Schreibweise lernen: *bring – brought, think – thought, buy – bought* usw. Genau wie bei den regelmäßigen Verben sind auch bei den unregelmäßigen Verben die Formen für alle Personen gleich.

45 Frage und Verneinung im *simple past* mit *did / didn't* – Questions and negative sentences with *did / didn't*

1

Does she arrive late? *Kommt sie spät an?*
Did she arrive late? *Kam sie spät an?*

Do you often go to carnivals?
Did you often go to carnivals when you were young?

Das *simple past* von *do / does* lautet *did*. Die Fragenbildung mit *did* im *simple past* erfolgt genau wie die Fragenbildung mit *do / does* im *simple present*.

question words		examples
when?	*wann?*	**When did** they set off?
what?	*was?*	**What did** he have for breakfast?
how?	*wie?*	**How did** you get there?
why?	*warum?*	**Why did** she ask?
where?	*wo?*	**Where did** you stay?
where?	*wohin?*	**Where did** they go?
how much?	*wie viel?*	**How much** money **did** we get?
how many?	*wie viele?*	**How many** tickets **did** he buy?

Bei Fragen mit *did* findest du häufig Fragewörter.

Beachte, dass die Fragewörter immer vor *did* stehen.

2

+	–	examples
was	wasn't	He **wasn't** at home.
were	weren't	They **weren't** happy.

Die Verneinung von *to be* ist dir im *simple past* ja schon geläufig: *was + not = wasn't, were + not = weren't.*

I	**didn't**	see you.
You	**didn't**	phone me.
He	**didn't**	hear her.
She	**didn't**	know about it.
It	**didn't**	happen.
We	**didn't**	start the fire.
You	**didn't**	stay long.
They	**didn't**	ask us.

Zur Verneinung der meisten anderen Verben im *simple past* brauchst du das *simple past* von *do*. Die Kurzform bildest du wie gewohnt: *did* + *not* = *didn't*.

Merke dir, dass *did/didn't* grundsätzlich mit der Stammform des Verbs steht und für alle Personen gleich ist. Das gilt sowohl für regelmäßige als auch für unregelmäßige Verben.

S

Frage	Bestätigung	Verneinung
Did I tell you about it?	Yes, you **did.**	No, you **didn't.**
Did you meet them?	Yes, I **did.**	No, I **didn't.**
Did he phone you?	Yes, he **did.**	No, he **didn't.**
Did she know that?	Yes, she **did.**	No, she **didn't.**
Did it happen to them?	Yes, it **did.**	No, it **didn't.**
Did we expect it?	Yes, we **did.**	No, we …

Kurzantworten sind auch bei Fragen im *simple past* mit *did* wieder angebracht. Im Deutschen kannst du eine Entscheidungsfrage einfach mit ‚ja' oder ‚nein' beantworten, im Englischen wird das als etwas unhöflich empfunden.

46 Die Verlaufsform des Präteritums – The past progressive

I tried to phone you yesterday evening.
What **were** you **doing**?

Sorry, I **was listening** to my new CDs.

Wenn du im Englischen einer *simple form* begegnest, kannst du sicher sein, dass es auch eine *progressive form* gibt. Neben dem *simple past* gibt es im Präteritum demnach auch das *past progressive*.

S

past progressive *gerade ablaufende Handlung*	**simple past** *neues Ereignis*
Tessa **was doing** her homework	when the doorbell **rang.**
Jimmy **was washing** his hair	when the lights **went** out.
It **was getting** dark	when they **reached** the house.
While I **was waiting** for the bus,	my mobile phone **began** to ring.
While I **was having** fun in London,	Liam **was sailing** with his friends.

Das *past progressive* wird häufig mit *while* verbunden, das *simple past* dagegen meist mit *when*. Es kommen aber niemals beide Wörter in einem Satz vor. Vorsicht: *When* bedeutet hier ‚als'!

47 Formen des Futurs – Future forms

Es werden hier alle Formen des Futurs zusammengestellt, und zwar in der Reihenfolge, in der sie dir in **Swift 1** und **2** begegnet sind. Zukünftiges kannst du im Englischen mit unterschiedlichen Strukturen ausdrücken. Welche Form du wählst oder verwenden musst, hängt von den Sprechabsichten ab.

1 Das *going to*-Futur – The *going to*-future

Mit dem *going to*-Futur kannst du ausdrücken, was jemand vorhat oder zu tun beabsichtigt. Oft handelt es sich um kurzfristige Vorhaben, die sich auf die nahe Zukunft beziehen.

Das *going to*-Futur wird gebildet aus: *am / is / are* + *going to* + Infinitiv. Meistens werden die Kurzformen von *to be* verwendet.

S

I'**m**	**going to**	help	the Beachwatch volunteers.
What **are** you	**going to**	do	today?
Mr Clifford **is**	**going to**	start	a project.
The girl'**s**	**going to**	talk	to the tourist.
We'**re**	**going to**	visit	the museum.
They'**re**	**going to**	have	fish and chips.

Liz is **going to** visit her friends in Islington next week.

Mit dem *going to*-Futur kann auch eine Absicht in fernerer Zukunft ausgedrückt werden. Allerdings muss dann eine entsprechende Zeitangabe erfolgen.

Look, Liz is coming out of the house with Milly.

Yes, she's **going to** take her for a walk.

Das *going to*-Futur verwendest du außerdem, wenn ein Ereignis mit großer Gewissheit zu erwarten ist. Dabei geht es in der Regel um eine logische Schlussfolgerung, die Absicht ist hier unwichtig.

M

Verwechsle das *going to*-future nicht mit der Verlaufsform des Präsens.

They're going to Camden Market.	They're **going to** go to Camden Market.
Sie gehen (gerade) zum Camden Market.	*Sie haben vor (in Kürze) zum Camden Market zu gehen.*

2 Das *will-future* – The *will-future*

S

	will	
I / you / he / she / it / we / you / they	**'ll**	start tomorrow.
	won't	

Das *will-future* wird aus *will* + Infinitiv gebildet. Das gilt für alle Personen. Häufig wird die Kurzform verwendet: *he will* – *he'll*. Die Kurzform in der Verneinung (*will not*) lautet *won't*.

Während das *going to-future* zum Ausdruck von Absichten und Vorhaben in der Zukunft verwendet wird, benutzt du das *will-future*, wenn du sagen willst, was in der Zukunft geschehen wird. Dabei kannst du es mit unterschiedlichen Absichten benutzen:

They **will** give more information in half an hour.
They'**ll** help elderly people.

Das *will-future* brauchst du, wenn ein fester Entschluss oder eine feste Verabredung vorliegt.

The storm **will** hit the coast.
It'**ll** churn east.
We hope that the damage **won't** be too bad.

Das *will-future* verwendest du auch, wenn ein Ereignis von äußeren Umständen, z. B. vom Wetter abhängt und nicht unmittelbar beeinflusst werden kann.

You haven't got a spare battery?
I'**ll** give you one of my batteries.

Is your homework difficult?
I'**ll** help you with it.

Und wenn du spontan zu etwas bereit bist, ohne es vorher geplant zu haben, benutzt du ebenfalls das *will-future*.

3 Jetzt kennst du schon zwei Varianten zum Ausdruck zukünftiger Handlungen. Es gibt noch weitere Möglichkeiten. Welche Form du wählst, hängt immer von deiner Sprechabsicht ab. Hier alle Futurformen im Überblick:

I'm **going to** take part in the Berlin Marathon.

Mit dem *going to-future* kannst du sagen, was du vorhast oder zu tun beabsichtigst. Meist geht es dabei um ein kurzfristiges Vorhaben, das sich auf die nahe Zukunft bezieht (s. o.).

Look, there's Harry with his new tennis racket.
He's **going to** play tennis again.

Das *going to-future* verwendest du auch, wenn ein Ereignis mit großer Gewissheit zu erwarten ist. Es handelt sich dann um eine logische Schlussfolgerung (s. o.).

The Marathon **will** start earlier this year.

Will the weather be fine on Sunday?

Das *will-future* verwendest du dagegen, wenn es weniger um deine Absicht geht, als darum, was voraussichtlich passieren wird (s. o.).

Es kommen noch zwei Möglichkeiten hinzu:

I'**m running** in the Marathon in April.

Du kannst zukünftige Ereignisse auch mit der Verlaufsform des Verbs ausdrücken, wenn du eine Zeitangabe in der Zukunft hinzufügst. Du drückst damit aus, dass du etwas fest vorhast. Du bist gedanklich schon dabei, es zu tun.

Her train **arrives** at half past twelve.

Drama lesson **is** after lunch break.

Wenn etwas genau zeitlich geregelt und festgelegt ist, kannst du Zukünftiges auch mit dem *simple present* ausdrücken. Das gilt insbesondere für Fahrpläne und Stundenpläne.

future form	Beispiel	Sprechabsicht
1. going to + verb *(Infinitiv)*	I'**m going** to practise a new dance.	= *Absicht, etwas zu tun*
2. will + verb *(Infinitiv)*	It **will** rain tomorrow.	= *nicht beeinflussbar*
3. ing-Form + *Zeitangabe*	I'**m running** in that race next week.	= *fest eingeplant*
4. simple present	The ferry **leaves** at six o'clock.	= *fest geregelter Ablauf*

48 +Das *future perfect* – The *future perfect*

In the year 2050 NASA **will have built** more space stations.

Im Jahr 2050 wird die NASA weitere Raumstationen gebaut haben.

Next week they **will have** disappeared.

Nächste Woche werden sie verschwunden sein.

I'**ll have finished** all my e-mails **when** you pick me up.

Ich werde alle meine E-Mails fertig haben, wenn du mich abholen kommst.

Das *future perfect* brauchst du, wenn du ausdrücken willst, dass eine Handlung oder ein Ereignis in der Zukunft abgeschlossen sein wird.

Du bildest das *future perfect* mit *will + have + past participle.*

Für den Zeitpunkt in der Zukunft kannst du entweder eine konkrete Zeit angeben (z. B. *in the year 2050, next month, in December*) oder du leitest den Nebensatz einfach mit *when* ein.

49 Das Perfekt – The present perfect

Das *present perfect* wird aus *has/have* und dem *past participle* (Partizip Perfekt) gebildet: *has/have packed.*

I'	**ve**	just	pack**ed**	my lunch.
They	**have**		chang**ed**	the play.
She	**has**		phon**ed**	him.
I'	**ve**		**written**	a new dialogue.
We	**haven't**		**heard**	about it.
He	**has**		**given**	me his comic.

Neben den regelmäßigen Formen auf *-ed* gibt es eine Reihe unregelmäßiger Verben, deren Formen du auswendig lernen musst, z. B.: *has/have written.* Für die Bildung der unregelmäßigen Formen gibt es keine Regeln. Du findest auf den Seiten 59/60 eine Liste aller unregelmäßigen Verben, die in **Swift 1** und **2** vorkommen.

Bei der Aussprache der regelmäßigen Formen auf *-ed* gibt es ein paar Besonderheiten zu beachten:

pack**ed** [t]	phon**ed** [d]	collect**ed** [ɪd]
nach stimmlosen Konsonanten	nach stimmhaften Konsonanten	nach *-t* oder *-d*

Maggie **has** collect**ed** all the posters.
(Here they are.)

Mr Bean **has** just clean**ed** his car.
(It is clean now.)

Das *present perfect* verwendest du, wenn eine vergangene Handlung zu einem Ergebnis geführt hat, das sich auf die Gegenwart auswirkt.
Das gilt auch für Handlungen, die gerade erst abgeschlossen wurden (*just*).

50 Das Perfekt in Frage, Verneinung und Kurzantwort – The present perfect in questions, negations and short answers

Frage			**Kurzantwort / Verneinung**		
has / have	*subject*	*past participle*		*subject*	*has / have*
Has	Brenda	collect**ed** the posters?	Yes,	she	**has.**
Have	the people	hear**d** the news yet?	No,	they	**haven't.**
Has	Andrew	phone**d** his family yet?	Yes,	he	**has.**
Has	Maggie	**lost** the posters?	No,	she	**hasn't.**

Have you done your homework **yet?**
Hast du deine Hausaufgaben schon gemacht?

No, I have**n't** done it **yet.**
Nein, ich habe sie noch nicht gemacht.

Wenn du fragen möchtest, ob etwas schon geschehen ist, kannst du zum *present perfect* das Wort *yet* hinzufügen.

Willst du ausdrücken, dass etwas noch nicht geschehen ist, ergänzt du *not yet*. Das Wort *yet* steht immer am Ende des Frage- oder Antwortsatzes.

Have you **ever** heard that story?
Hast du diese Geschichte schon je(mals) gehört?

Wenn du wissen möchtest, ob jemand etwas überhaupt schon einmal getan hat, fügst du das Wort *ever* hinzu.

Has he written the dialogue?
Hat er den Dialog geschrieben?

Beachte die unterschiedliche Wortstellung im Englischen und im Deutschen. Das gilt auch für den Aussagesatz: *He has written the dialogue. (Er hat den Dialog geschrieben.)*

51 Das Perfekt mit *since* und *for* – The present perfect with *since* and *for*

Dass es beim *present perfect* vorwiegend um das Resultat einer Handlung und weniger um die genauen Zeitangaben geht, weißt du bereits aus **Swift 1**.

They **have collected** a lot of information.
Sie haben eine Menge Informationen gesammelt.

Das Ergebnis der Handlung liegt vor.
Es ist unwichtig, wann es erreicht wurde.

In Verbindung mit *since* und *for* werden dagegen die Zeitangaben in den Mittelpunkt gestellt.

I **haven't talked** to her **since** last week.

Seit letzter Woche habe ich nicht (mehr) mit ihr gesprochen.

Bei Ausdrücken mit *since* steht der Zeitpunkt im Vordergrund, von dem aus etwas betrachtet wird.

You **have had** my computer **for** two days.

Du hast meinen Computer (schon) zwei Tage lang (bei dir) gehabt.

Bei Ausdrücken mit *for* steht die Zeitspanne im Mittelpunkt, die eine Handlung gedauert hat. Im Deutschen kann man *for* oft mit ‚lang' wiedergeben.

M

Mit ***since*** stehen Zeitangaben wie

- Uhrzeit (*... since four o'clock.*)
- Datum (*... since 6th April.*)
- Wochentag (*... since Tuesday.*)
- Jahr (*... since 1999.*)
- sonstige (*... since Christmas.*)

M

Mit ***for*** stehen dagegen

- Zeiträume (*... for two hours, for three days*)
- unbestimmte Ausdrücke (*... for months, for years*)

52 Die Verlaufsform des Perfekts – The present perfect progressive

Wenn du ausdrücken möchtest, dass eine Handlung bis jetzt gedauert hat, aber noch weitergehen wird, benötigst du das *present perfect progressive*.

Mrs Modi **has been working** in the garden since nine o'clock.

Mrs Modi arbeitet (schon) seit neun Uhr im Garten (und wird wohl noch weiterarbeiten).

Die Form wird gebildet aus *have/has + been + VERBing*.

Im Deutschen kannst du das *present perfect progressive* oft mit ‚schon' wiedergeben.

53 Das Perfekt und das Präteritum – Present perfect and simple past (Gegenüberstellung)

Das *present perfect* verwendest du, wenn etwas bereits geschehen ist (oder auch nicht) und der genaue Zeitpunkt nicht von Interesse ist. Im Vordergrund der Aussage stehen die Ergebnisse der Handlung.

Das *simple past* benutzt du, wenn die Handlungen und Ereignisse abgeschlossen sind und der genaue Zeitpunkt bekannt ist.

Have you ever **been** to the New Globe Theatre in London?	Yes, we **were** there last February.
And **have** you **seen** the latest film version of Shakespeare's Hamlet yet?	Yes, we **watched** it last Friday.
Look, the workers **have set** up a huge stage.	They **were** very busy and **set** it up yesterday.
And **have** the electricians **installed** all the electric equipment?	Yes, they **did** it early in the morning.
I **haven't had** an ice cream today.	Oh, we **had** one after lunch.
Wow! Robert **has** already **done** his homework.	Yes, he **did** it three hours ago.
I'm looking for John. **Has** he **gone** already?	Yes, he **went** about five minutes ago.

W Die Signalwörter für das *present perfect* bezeichnen eine Zeitspanne von der Vergangenheit (mit ungenauem Zeitpunkt) bis hin in die Gegenwart: *ever, never, already, yet.*

W Signalwörter für das *simple past* sind alle konkreten Zeitangaben: *last week (month, Friday, ...), two hours (days, months, ...) ago, after breakfast, ...*

54 +Das *past perfect* (einfache Form) – The *past perfect* (simple form)

Later he found out that his neighbour **had called** the police.

When the ambulance arrived they **had** already **made** all the preparations.

The doctor showed me the photo that he **had taken** the day before.

Wenn du über Ereignisse im Präteritum der Reihe nach berichtest, brauchst du das *past simple.* Blickst du aber von einem bestimmten Ereignis in der Vergangenheit zurück und beschreibst einen Vorgang, der vorher stattgefunden hat, brauchst du das *past perfect.* Diese Zeitform drückt aus, dass das Ereignis in der Vergangenheit, auf das du dich beziehst, bereits damals abgeschlossen war.

Das *past perfect* bildest du aus *had + past participle: had gone, had made, ...*

55 +Das *past perfect* (Verlaufsform) – The *past perfect* (progressive form)

Wenn es eine *simple form* gibt, dann gibt es im Englischen natürlich auch eine *progressive form.*

We **had been trying** to repair it **since** we were in orbit.

They **had been waiting for** two hours when we arrived.

Wenn du im *past perfect* Zeitangaben machst, verwendest du wieder *since* (= Zeitspanne) und *for* (= Zeitpunkt).

Die Verlaufsform wird gebildet aus: *had + been + verb + ing + since/for*

56 +Die Vergangenheit (Zusammenschau) – The past tense

Hier noch einmal alle Vergangenheitsformen auf einen Blick:

1 *Present perfect*

He **has hurt** himself badly. She's at the hospital with him now.

Wenn du über eine Handlung sprichst, die bereits geschehen ist, deren genauer Zeitpunkt aber nicht von Interesse ist, verwendest du das *present perfect*. Im Mittelpunkt stehen die Ergebnisse der Handlung.

They **haven't received** the results of the blood tests yet.

Das *present perfect* verwendest du auch, wenn du über eine Handlung sprichst, die immer noch andauert.

They**'ve** already **arrived**.

Das *present perfect* brauchst du auch, wenn du über Neuigkeiten berichtest, deren Ergebnis in der Gegenwart zu sehen ist.

Die Signalwörter *ever, never, already* usw. in Verbindung mit dem *present perfect* bezeichnen eine Zeitspanne, die von der Vergangenheit bis in die Gegenwart reicht.

2 *Present perfect progressive*

She **has been working** in the garden **since** lunch time.

Wenn du über eine Handlung berichtest, die bis in die Gegenwart dauert und du die Zeitangabe *since* oder *for* ergänzt, verwendest du das *present perfect progressive*. In diesem Fall ist die Dauer der Handlung wichtiger als das Ergebnis.

3 *Simple past*

We **went** to the concert last night.

We **left** the theatre and **met** a good friend of ours.

We **looked** for a restaurant to have lunch together.

Das *simple past* brauchst du, wenn du über eine in der Vergangenheit abgeschlossene Handlung berichtest.

Das *simple past* ist die Erzählzeit im Englischen. Wenn du eine zusammenhängende Geschichte erzählen willst, benutzt du diese Zeitform. Oft wird das *simple past* mit dem *past progressive* oder dem *past perfect* zusammen verwendet.

Signalwörter des *simple past* (*last week, two hours ago, after dinner* usw.) sind alle konkreten Zeitangaben.

4 *Past progressive*

They **were sitting** in the garden when the tornado started.

Das *past progressive* verwendest du, wenn du eine Hintergrundhandlung beschreibst. Das Ereignis, das plötzlich einsetzt, ist wichtiger als die bereits andauernde Handlung.

5 *Past perfect*

After they **had finished** their homework, they went into the garden.

Mit dem *past perfect* kannst du deutlich machen, welche von mehreren Handlungen zuerst geschah. Beide Handlungen sind in der Vergangenheit bereits beendet.

6 *Past perfect progressive*

They **had been hiding** in their house **for** two hours when the tornado moved on.

Wenn du den Zeitpunkt betonen willst, bis zu dem eine Handlung in der Vergangenheit gedauert hat, oder die Zeitspanne angeben möchtest, in der ein Ereignis stattgefunden hat, verwendest du das *past perfect progressive*.

Modale Hilfsverben

57 Das Hilfsverb *can* – The modal auxiliary *can*

Da das Hilfsverb *can* besonders wichtig ist und häufig vorkommt, wird es hier zunächst allein vorgestellt. (Im nächsten Punkt findest du dann eine Übersicht über die weiteren modalen Hilfsverben.)

1

I **can** play the guitar.
She **can** send an e-mail.
You **can** wait for him.

Mit *can* drückst du aus, dass eine Person oder ein Tier etwas kann, d. h. eine Fähigkeit besitzt. Das Hilfsverb *can* ist in allen Personen gleich. Es verändert sich nicht. Direkt nach *can* steht das Vollverb im Infinitiv ohne *to*.

I **can't** see you.
He **can't** say the word.
We **can't** play the music.

Die verneinte Langform von *can* [kæn] heißt *cannot* ['kænɒt] und wird zusammengeschrieben: *can* + *not* = *cannot*. Die Kurzform lautet *can't* [kɑːnt]. *Not* wird wieder zu *n't* verkürzt. Auch die verneinte Form ist in allen Personen gleich.

2

Can you play the guitar?
Kannst du Gitarre spielen?

Can they speak English?
Können sie Englisch (sprechen)?

Zur Fragebildung musst du den Aussagesatz wieder umstellen (Inversion), sodass das Hilfsverb *can* am Anfang des Satzes steht.

She can play the guitar.
Can she play the guitar?

Auf eine Frage mit *can* antwortest du wieder mit einer höflichen Kurzantwort.

S

Frage	Bestätigung	Verneinung
Can you hear that sound?	Yes, I **can**.	No, I **can't**.
Can we give you the box?	Yes, you **can**.	No, you **can't**.
Can he guess her name?	Yes, he **can**.	No, he **can't**.

58 Modale Hilfsverben und ihre Ersatzformen – Modal auxiliaries and defective auxiliaries

1 Modale Hilfsverben – Modal auxiliaries

You **must tell** me about it.

He **needn't eat** that.

My dad **can speak** French.

Beachte, dass im Englischen – anders als im Deutschen – die modalen Hilfsverben immer zusammen mit einem Vollverb im Infinitiv stehen. Mit den Hilfsverben kannst du die unterschiedlichsten Sprechabsichten ausdrücken.

Hier eine Übersicht:

He **can** play the piano.
We **couldn't** come yesterday.

Mit *can* oder *could* kannst du über ein Können oder eine Fähigkeit sprechen.

May I have a look at your book?
Can I use your pencil?

Wenn du um Erlaubnis bitten willst, brauchst du *may*. Auch *can* wird häufig in der Bedeutung von ‚dürfen' benutzt.

Would you say that again?
Can you give me that CD?
Could you help me?

Wenn du um etwas bittest, verwendest du *will, would, can* oder *could*.

Sue isn't here today. She **might** be ill.

Wenn du über Möglichkeiten sprechen willst, kannst du entweder *may, might* oder *could* benutzen.

You **should** be early next time.
You **shouldn't** say that.

Du brauchst *should,* wenn du jemandem etwas dringend raten oder empfehlen möchtest. Mit *shouldn't* kannst du dein Missfallen ausdrücken.

You **must** tell me that.
You **mustn't** wake them up.

Wenn du jemanden zu etwas auffordern willst, benutzt du *must*. Um etwas zu verbieten, brauchst du *mustn't*.

Shall I open the window?
What **shall** we do?

Mit *shall* kannst du Vorschläge machen oder um Rat bitten.

W

1. Die *modal auxiliaries* haben nur eine oder zwei Zeitformen, meistens *present* und *past tense*.
2. Bei der Verneinung werden in der Regel immer die Kurzformen verwendet (Ausnahme: *may not*).

2 Ersatzformen – Defective auxiliaries

Can, may und *must* haben einen kleinen Defekt. Sie heißen deshalb auch *defective auxiliaries*. Ihr Fehler ist, dass sie nicht in allen Zeitformen verwendet werden können. In manchen *tenses* muss man sie mit Ersatzverben umschreiben.

S	*present*	*past*	*future*
1. *können*	can am / is / are able to	could was / were able to	– will be able to
2. *nicht können*	can't / cannot am not / isn't / aren't able to	couldn't wasn't / weren't able to	– won't be able to
3. *dürfen*	may can am / is / are allowed to	– could was / were allowed to	– – will be allowed to
4. *nicht dürfen*	may not / mustn't cannot am not / isn't / aren't allowed to	– couldn't wasn't / weren't allowed to	– – won't be allowed to
5. *müssen*	must has / have to	– had to	– will have to
6. *nicht müssen/ nicht brauchen*	needn't doesn't / don't have to	– didn't have to	won't need to won't have to
7. *sollen*	should shall I / we?	should have –	– –

Weitere besondere Verben

59 +Reflexive Verben – Reflexive verbs

Reflexive Verben kommen im Englischen weniger häufig vor als im Deutschen. Du musst aber beachten, dass es eine Anzahl von Verben gibt, die sowohl transitiv (d. h. mit einem Akkusativobjekt zusammen) als auch reflexiv (d. h. mit einem Reflexivpronomen zusammen) verwendet werden können.

transitiv	*reflexiv*
Did they enjoy **the party**?	Oh, yes. They enjoyed **themselves.**
She respects **her parents**.	But she also respects **herself.**
Poor Jimmy cut **his finger** yesterday.	Oh dear! He cut **himself** last weekend too.

He **remembers** his last birthday party.

Er erinnert sich an sein letztes Geburtstagsfest.

She **moves** very slowly because of her broken leg.

Sie bewegt sich sehr langsam wegen ihres gebrochenen Beines.

Und außerdem gibt es Verben, die im Deutschen reflexiv sind, im Englischen aber nicht. Am häufigsten werden dir in dieser Funktion die Verben *remember, meet* und *move* begegnen.

60 +Verben mit zwei Objekten – Verbs with two objects

Es gibt eine Reihe von Verben, die die Beziehung zwischen Menschen und deren gemeinsamem Handeln thematisieren: *give, pay, make, buy, lend, send, show, teach, tell, write* usw.

Diese Verben können zwei Objekte haben, ein direktes Objekt (meist eine Sachbezeichnung) und ein indirektes Objekt (meist eine Personenbezeichnung). Über die Stellung der Objekte im Satz entscheidet deren Länge bzw. die Tatsache, welches der Objekte du besonders hervorheben möchtest. Das Objekt, das hervorgehoben werden soll, steht immer am Satzende.

She showed her parents **the new dress.**

Hier geht es um das Kleid, das gezeigt wird. Es steht als direktes Objekt am Satzende.

She showed the new dress **to her parents**.

Hier geht es darum, dass das Kleid den Eltern (und nicht irgend jemandem) gezeigt wird. Wenn du das indirekte Objekt betonen möchtest, stellst du es mit der Präposition *to* an das Satzende. Das direkte Objekt steht in diesem Fall vor dem indirekten Objekt.

61 Bitten äußern: *I'd like* und *I want*

I'd like an ice cream, please.

Ich hätte gerne ein Eis, bitte.

Wenn du höflich um etwas bitten oder einen Wunsch äußern möchtest, brauchst du die Form: *I'd like …* Es ist die Kurzform von *I would like …* (*Ich hätte/möchte gern …*). Nicht verwechseln mit: *I like ice cream* (*Ich esse/mag gern Eis.*)!

I want an ice cream!

Ich will (aber) ein Eis!

Du kannst auch mit *I want …* (*Ich will …*) einen Wunsch oder eine Bitte äußern, nur klingt das – genau wie im Deutschen – sehr bestimmt und dadurch unhöflich.

No, thank you, **I don't want** an ice cream.

Willst du aber ein Angebot ablehnen, dann musst du *I don't want …* verwenden.

Sätze und Satzgefüge

62 Aufforderungssätze – Orders and requests

Aufforderungssätze können beispielsweise eine Bitte, eine Einladung, eine Anweisung oder auch eine Warnung ausdrücken. Sie sind meist knapp gehalten und kommen gleich auf das Wesentliche zu sprechen.

bejaht	verneint	*let's*
Come quickly, Tom. Telephone for you!	**Don't touch** the surface of the CDs!	**Let's sit** down and **watch** TV together.
Stop that noise, children!	**Never drink** when you drive!	But **let's not sit** too close to it.

Beim bejahten Imperativ benötigst du den Infinitiv des Verbs. Die Grundform des Verbs ist im Singular und Plural gleich.

Beim verneinten Imperativ benötigst du ebenfalls den Infinitiv. Du musst allerdings *don't* oder *never* ergänzen.

Wenn du dich in die Aufforderung miteinbeziehst, verwendest du *let's* oder *let's not* mit dem Infinitiv. *Let's not* kommt nur selten vor.

63 +Zeitangaben – Expressions of time

Bei Zeitangaben musst du zwischen den Präpositionen *in*, *at* und *on* unterscheiden.

in the morning / **in** the evening / **in** the afternoon
in February / **in** (the) summer /
in the year 2050

Bei *in* geht es immer um einen Zeitraum.

at quarter to six / **at** nine o'clock / **at** noon /
at Christmas

Bei *at* handelt es sich um einen Zeitpunkt.

on Monday / **on** Friday afternoon

Die Wochentage erfordern die Präposition *on*.

last week / next month

Bei *last* und *next* brauchst du überhaupt keine Präposition.

I can help you **after** dinner.
I must do that **before** seven o'clock.
He waited **until** morning.
We will check in **between** half past nine and ten o'clock.
We watched TV **from** seven **to** nine.
I haven't seen him **since** last year.
She didn't meet him **for** months.

Als weitere Präpositionen in Temporalsätzen können dir begegnen: *after, before, until / till, between, from ... to, since* oder *for*.

We left **before** the race began.
I visit her **after** school finishes.
They can't leave **until** they have repaired the car.

After, before und *until/till* können auch als Konjunktionen benutzt werden. Hier bezieht sich die Zeitangabe auf den ganzen folgenden Satzteil.

64 *When* oder *if*? – *When* or *if*?

When I go shopping tomorrow, **I'll** get you a comic.

Wenn ich morgen zum Einkaufen gehe, bringe ich dir einen Comic mit.

Wenn du fest vorhast, etwas zu tun, verwendest du *when*.

If I go shopping tomorrow, **I'll** get you a comic.

Falls ich morgen zum Einkaufen gehe, bringe ich dir einen Comic mit.

Wenn du dir nicht sicher bist, ob du etwas tun wirst, benutzt du *if*.

65 Der Infinitiv nach Fragewörtern – The infinitive after question words

They told me where I had to sit down.

They told me **where to sit** down.

Sie sagten mir, wo ich mich hinsetzen sollte.

M Merke dir:
where to …, what to …,
when to …, how to …

Nebensätze mit Fragewörtern und mit *can, could, must, have to* usw. wirken oft etwas umständlich und schwerfällig. Deshalb wird häufig eine Verkürzung verwendet, die eleganter klingt. Du verbindest einfach das Fragewort mit dem Infinitiv. Im Deutschen geht das leider nicht.

66 Der Infinitiv nach Verben des Wünschens oder Aufforderns – The infinitive after verbs expressing wishes or commands

1 Der Infinitiv steht nach Verben, die einen Wunsch oder eine Absicht ausdrücken.

Her parents **want to go** back to India one day.

Ihre Eltern wollen eines Tages zurück nach Indien gehen.

Nach den Verben *want, wish, would/should like* und *expect* kann entweder der Infinitiv allein oder in Verbindung mit einem Objekt stehen.

They **expect her to join** them.

Sie erwarten, dass sie mitkommt.

Im Deutschen kannst du die Verbindung mit dem Objekt durch einen Nebensatz mit …, *dass* … ausdrücken.

2 Der Infinitiv steht auch nach Verben, die eine Aufforderung, einen Rat oder eine Warnung ausdrücken.

The teacher **told the class to write** a summary.

Die Lehrerin forderte die Klasse auf, eine Zusammenfassung zu schreiben.

She **warned the boys not to forget** the last two exercises.

Sie warnte die Jungen, die letzten beiden Aufgaben nicht zu vergessen.

Nach den Verben *tell, ask, warn* usw. steht ebenfalls der Infinitiv in Verbindung mit einem Objekt. Mit dieser Form kannst du in der indirekten Rede Aufforderungssätze wiedergeben.

Im Deutschen bleibt in diesem Fall der Infinitiv erhalten.

67 Relativsätze – Relative clauses

The Vikings were the people **who** came in long boats.

A telephone is a thing **which** always rings when you are in the bathroom.

Wenn du von Personen sprichst oder dich auf sie beziehst, brauchst du das Relativpronomen *who.*

Bei Gegenständen und Tieren verwendest du dagegen *which.*

Bislang kanntest du *who* und *which* nur als Fragepronomen. Beide Wörter sind im Englischen gleichzeitig auch Relativpronomen. Sie stehen im Singular und Plural. Beachte, dass im Englischen <u>kein</u> Komma vor den Relativpronomen steht.

M

wh**i**ch	wh**o**
th**i**ngs an**i**mals	pers**o**ns pe**o**ple

Relativsätze mit *who* und *which* sind sehr wichtig.
Du brauchst sie immer dann, wenn du etwas erklären, beschreiben oder näher definieren möchtest.

What do you call a Viking **that** you see riding a bike?
A biking Viking!

Du kannst *who* und *which* auch durch *that* ersetzen.

W

who → that ← which

The software **that** you gave me is wonderful.

The software you gave me is wonderful.

Wenn die erwähnten Personen, Tiere oder Gegenstände im Akkusativ (wen? / was?) stehen, kannst du es dir noch einfacher machen. Das Relativpronomen kann ganz entfallen. Der Relativsatz wird verkürzt und heißt *contact clause.*

Can you hear the dog? It's our neighbours'. = *two sentences*
The dog **that** you can hear is our neighbours'. = *relative clause*
The dog you can hear is our neighbours'. = *contact clause*

68 Relativsätze mit *whose* – Relative clauses with *whose*

I'm interested in people **whose** names come from Celtic words.

Mich interessieren Personen, deren Namen von keltischen Wörtern abstammen.

Bei Relativsätzen mit *whose* stehen immer Lebewesen oder Gegenstände im Mittelpunkt, denen etwas zugeordnet wird.
Im Deutschen lautet die Frage *wessen* und das entsprechende Relativpronomen *deren/dessen*.

69 Bedingungssätze (Typ I) – Conditional clauses (Type I)

Ken practises indoors **when** it rains.

If it rains today, he'**ll** practise indoors.

Du kennst bereits Sätze, die aus einem *when*-Satz und einem Hauptsatz bestehen.

In einem Bedingungssatz drückt der *if-clause* die Bedingung aus und der Hauptsatz sagt, was passiert, falls diese Bedingung erfüllt wird.

S

	if-Satz (*simple present*)		Hauptsatz (*will-future*)		
If the weather	**is**	nice tomorrow,	Ken	**will practise**	outdoors.
But **if** it	**rains,**		he	**won't go**	out.
If he	**doesn't use**	an umbrella,	he	**'ll get**	wet.

Im *if-clause* steht immer das *simple present*, während der Hauptsatz mit dem *will-future* gebildet wird. Bedingungssätze können entweder mit dem *if-clause* oder mit dem Hauptsatz beginnen.

If it doesn't rain tomorrow, he'**ll** run a race.

He'**ll** run a race **if** it doesn't rain tomorrow.

M

Zwei wichtige Regeln musst du beachten:

1. Im *if-clause* steht nie ein *will*.
2. Vor *if* steht nie ein Komma.

When Ken is in New York, he runs in Central Park. If it **is** too hot, he **stays** at home.

Wird *if* in der Bedeutung von ‚wenn' gebraucht, kann auch im Hauptsatz das *simple present* stehen.

70 Bedingungssätze (Typ II) – Conditional clauses (Type II)

If I **lived** in Florida, I **would do** watersports.

Mit Bedingungssätzen vom Typ II drückst du eine Bedingung aus, über die du nachdenkst, die aber ganz offen ist. Sie kann möglicherweise eintreten, vielleicht aber auch nicht.

	if-Satz (*simple past*)		Hauptsatz (*would + infinitive*)		
If I	**saw**	an accident,	I	**would use**	my mobile phone.
If he	**had**	a lot of money,	he	**would live**	in a big house.

If you didn't help me, I **would** be in trouble.

I **would** be in trouble **if** you didn't help me.

Der *if-clause* steht immer im Präteritum. Aber gemeint ist damit nicht die tatsächliche Vergangenheit, sondern die gedachte Möglichkeit. Im Hauptsatz steht immer *would* oder *wouldn't*. Wie bei Bedingungssätzen vom Typ I kann entweder der *if-clause* oder der *main clause* am Satzanfang stehen.

71 Passiv und Aktiv – Passive and active voice

The boy **checks** the batteries.

In diesem Aktivsatz ist der Junge der aktiv Handelnde. Er ist das Subjekt des Satzes, steht im Mittelpunkt der Aussage und deshalb am Satzanfang.

The batteries **are checked** every month.

Hier wird betont, dass die Batterien jeden Monat überprüft werden, egal von wem. Die Batterien stehen im Mittelpunkt des Satzes und rücken als Subjekt an den Satzanfang. Es handelt sich um einen Passivsatz.

Passivsätze werden mit einer Form von *to be* und dem *past participle* gebildet: *are checked.*
Das Objekt des Aktivsatzes (*... the batteries.*) wird zum Subjekt des Passivsatzes (*The batteries are ...*)
Passivsätze können in verschiedenen Zeitformen vorkommen. Hier eine Übersicht:

	Präsens	Präteritum	*present perfect*	*past perfect*	Futur
be	am / is / are	was / were	has / have been	had been	will be

The passive **is made** with a form of *to be.*

The radio **was checked** last week.

Oh dear! My bike **has been pushed** over.

A lot of work **will be done.**

Passivsätze findet man häufig in Zeitungsberichten, historischen Texten, Polizeiprotokollen oder technischen Beschreibungen. Die Verursacher der Handlungen sind nicht mehr (= historisch) oder noch nicht (= polizeilich) bekannt. Oder sie sind einfach nicht wichtig.

In der *simple form* können alle Zeitformen des Aktivs auch im Passiv gebildet werden:

Hundreds of tornadoes **are counted** every year.	Präsens: *am/is/are*
Hundreds of people **were** badly **injured**.	Präteritum: *was/were*
The bottled water **has** already **been checked**.	*present perfect: has/have been*
+Before the tornado hit, the people **had been warned** by radio.	+*past perfect: had been*
A lot of houses **are going to be damaged**.	*going to-future: am/is/are going to be*
The houses **will be repaired** after the tornado.	*will-future: will be*
+**Will** the damage **have been forgotten** soon?	+*future perfect: will have been*

The damage **can't be repaired** easily.

A lot of work **must be done**.

People **should be warned**.

Nach den Modalverben *can, must, should* usw. werden die Passivformen mit dem Infinitiv von *be + past participle* gebildet.

Lots of dead animals **are being collected** at the moment.

The roads **were being repaired**, so they took a different route.

Die Verlaufsformen des Passivs sind nur im Präsens und Präteritum üblich.

72 Passiv mit *by-agent* – The passive voice with by-agent

Wenn in einem Passivsatz die Nennung des Verursachers einer Handlung erforderlich ist, kannst du ihn mit der Präposition *by* am Satzende anfügen (*by-agent*).

active voice			*passive voice*		
Subjekt		**Objekt**	**Subjekt**		***by-agent***
Our dog	bit	the postman.	The postman	was bitten	**by our dog.**

In dem Beispiel ist die Nennung des Verursachers erforderlich, da deutlich gemacht werden muss, dass <u>unser</u> Hund (und nicht irgend ein Hund oder gar eine Schlange) den Briefträger gebissen hat. Du musst folglich immer entscheiden, ob die Nennung des Verursachers in einem Passivsatz erforderlich ist.

Stonehenge was built thousands of years ago.

Die Angabe des *by-agent* ist hier nicht erforderlich. Da wir die Erbauer von Stonehenge nicht kennen, brauchen wir sie auch nicht zu benennen.

In 1996 the American east coast was hit **by hurricane Bertha**.

Die Angabe des *by-agent* ist in diesem Beispiel dagegen erforderlich. Es war ein bestimmter Wirbelsturm, der den Schaden im Jahr 1996 angerichtet hat. Er hat sogar einen eigenen Namen.

73 Die indirekte Rede ohne Zeitverschiebung – Reported speech without timeshift

Es gibt Situationen, in denen du weitergeben möchtest, was andere dir mitteilen oder mitgeteilt haben. Dazu brauchst du die indirekte Rede. Deine Aussage besteht in der Regel aus einem Einleitungssatz mit den Verben *say, tell* usw. und einem Folgesatz, der mit *that* eingeleitet werden kann. Die Konjunktion *that* entfällt auch häufig.

Wenn du eine Mitteilung sofort weitergibst, benutzt du im Einleitungssatz das *simple present* und behältst im Folgesatz die Zeitform der direkten Rede bei.

direct speech	*reported speech*
"I'm sorry."	He **says** he**'s** sorry.
"I've missed the bus."	He **says** he**'s** missed the bus.
"I'll be there in an hour."	He **says** he**'ll** be here in an hour.

74 +Die indirekte Rede mit Zeitverschiebung – Reported speech with timeshift

Im vorigen Punkt hast du die indirekte Rede ohne Zeitverschiebung kennen gelernt. Wenn du eine Mitteilung nicht sofort weitergibst, sondern erst später darüber berichten willst, verwendest du ebenfalls die indirekte Rede. Du musst allerdings zusätzlich die Rückverschiebung der Zeitformen berücksichtigen.

direct speech	*reported speech*
"I can't make it."	She said she couldn't make it.
"I may get into trouble."	He told us (that) he might get into trouble.

1 Der Einleitungssatz steht bei einer späteren Berichterstattung immer im Präteritum: *He said ... / She told ... / They informed ...* usw. In dem Folgesatz musst du jetzt die Zeitformen der Verben verändern. Hier tritt eine Rückverschiebung der Zeiten (*backshift of tenses*) auf. Schau dir die folgende Übersicht genau an.

present/going to-future They **make** a lot of money. We're **going to have** a party on Friday.	*simple past* He **told** us that they **made** a lot of money. She **said** that they **were going to have** a party on Friday.
present perfect She **has accepted** their invitation. The boy **has checked** the prices.	*past perfect* She **told** us that she **had accepted** their invitation. The boy **mentioned** that he **had checked** the prices.
simple past My parents **never went** to London. My brother **didn't do** well at school.	*past perfect* She **told** us that her parents **had never gone** to London. He **said** that his brother **had not done** well at school.
will-future My mum **will make** me a beautiful dress. I **won't follow** fashions blindly.	*conditional II* She **told** us that her mother **would make** her a beautiful dress. He **said** that he **wouldn't follow** fashions blindly.

2 Bei der Rückverschiebung der Zeitformen musst du nicht nur auf die Verben, sondern auch auf die Pronomen sowie die Zeit- und Ortsangaben achten.

direct speech	*reported speech*
"My mum **didn't give** me enough money **today**."	She **said** her mother **hadn't given** her enough money **that day**.
"I **can't understand** why jeans are so expensive **here**."	He **remarked** that he **couldn't understand** why jeans were so expensive **there**.

today	–	that day
yesterday	–	the day before
tomorrow	–	the next / following day
tonight	–	that night
this week	–	that week
last Monday	–	the Monday before
next month	–	the next / following month
here	–	there

Damit du dich in deinen Mitteilungen nicht immer wiederholen musst, solltest du möglichst viele verschiedene Verben zur Einleitung der indirekten Rede parat haben: *say, tell, ask, whisper, inform, remark, mention, fax, shout, answer, order, write down* usw.

75 +Fragen in der indirekten Rede – Questions in reported speech

Bei der Wiedergabe von Fragen in der indirekten Rede musst du berücksichtigen, ob in der direkten Rede ein Fragewort vorhanden ist oder nicht.

direct speech	*reported speech*
"**Where** were your grandparents?"	He asked me **where** my grandparents **had been**.
"Did you buy that last week?"	She asked me **whether** I had bought it the week before.

Gibt es ein Fragewort, treten Hilfsverb und Verb an das Satzende. In Entscheidungsfragen, die mit *yes* oder *no* beantwortet werden können und kein Fragewort enthalten, wird der Nebensatz entweder mit *whether* oder mit *if* eingeleitet.

Sonstiges

76 Präpositionen für Ortsangaben – Prepositions of place

77 Präpositionen für Richtungsangaben – Prepositions for directions

78 Stellung der Präpositionen in Fragen – Position of prepositions in questions

What else are they talking about?
What are you looking at?
What are you proud of?
Where are you from?
Who are you waiting for?
Which animals are you afraid of?

Bei der Verbindung von bestimmten Verben, Hilfsverben und Adjektiven mit Präpositionen stellst du die Präposition in der Fragestellung an das Satzende: *What do you need this for? – I need it for my fax.*

79 Das Stützwort *one/ones* – The propword *one/ones*

Give me that blue book from the shelf, please. (Which blue book, the little blue book or the big blue book?)

Which blue book, the little **one** or the big **one**?

Die Rückfrage nach dem Buch klingt durch die Wiederholungen stilistisch nicht besonders gut. Das Stützwort *one/ones* hilft dir, solche Sätze zu vermeiden. *One/ones* kann ein zählbares Substantiv ersetzen.

This ball is very small.
Do you want a bigger **one**?

Look at that girl over there.
Which **one** – the **one** with the bike?

One steht für Substantive im Singular.

I like Ben's CDs, the old **ones** and the new **ones.**

Ones verwendest du für Substantive im Plural.

My uncle knows lots of school jokes.
I like the **ones** about the teachers best.

M

Merke dir, dass im Englischen – anders als im Deutschen – ein Adjektiv nicht alleine nach *a* oder *the* stehen kann (vgl. ‚Gibt es eine Kleinere?'). Es muss ‚gestützt' werden, wenn das Substantiv entfällt. Das übernimmt das Stützwort *one/ones*.

80 Bestätigungsfragen – Question tags

In der gesprochenen englischen Sprache gibt es sogenannte Frageanhänger (*question tags*), mit denen du Bestätigung oder Zustimmung zu einer Frage einholen kannst. Solche Fragen werden Bestätigungsfragen genannt. Im Deutschen verwendest du: *..., nicht wahr?/..., oder?/..., gell?*

S

Aussagesatz bejaht (+)	**Bestätigungsfrage** verneint (–)
You are new here,	**aren't you?**
She is with you,	**isn't she?**
You've got time now,	**haven't you?**
He's got your book,	**hasn't he?**
We must stop,	**mustn't we?**
It works,	**doesn't it?**
They lived here,	**didn't they?**

Die Bestätigungsfrage greift das Hilfsverb und das Subjekt des Aussagesatzes wieder auf, wobei das Subjekt immer als Personalpronomen erscheint.

Steht im Aussagesatz kein Hilfsverb, wird in der Bestätigungsfrage eine Form von *do* verwendet: *do/does/did* bzw. *don't/doesn't/didn't*.

S

Aussagesatz verneint (–)	**Bestätigungsfrage** bejaht (+)
You aren't from here,	**are you?**
Dad wasn't at home,	**was he?**
They haven't finished,	**have they?**
He hasn't got your book,	**has he?**
It doesn't work,	**does it?**
They won't come,	**will they?**

Das gleiche gilt für den verneinten Aussagesatz.

Merke dir, dass in Sätzen mit Bestätigungsfragen immer ein bejahter und ein verneinter Satzteil vorhanden sein muss.

It's six o'clock, **isn't it?** ↗

That sounds good, **doesn't it?** ↘

Bestätigungsfragen sprichst du mit steigender Satzmelodie (Intonation), wenn du nicht sicher bist, ob deine Aussage richtig oder falsch ist.

Bist du deiner Sache aber ganz sicher und erwartest keine Antwort, verwendest du eine fallende Intonation.

81 Die Uhrzeit – The time

It's five **o'clock.**

Nur bei der Angabe der vollen Stunde verwendest du *o'clock.*

It's four minutes **past** five.
It's five **past** five.
It's (a) **quarter past** five.
It's **half past** five.

Bei Zeitangaben in den ersten 30 Minuten nach der vollen Stunde sagst du *past.* Bei den Fünferschritten (5, 10, 15 usw.) wird *minutes* meistens ausgelassen.

It's ten **to** six.
It's nine minutes **to** six.

Nach *half past* zählst du mit *to* zur nächsten vollen Stunde.

o	**a**
t **o**	p **a** st
v **o** *r*	*n* **a** *ch*

9.30	7.50	11.25

Du kannst die Uhrzeit auch ‚digital' angeben: *nine thirty, seven fifty, eleven twenty-five.* Solche Zeitangaben findest du vorwiegend bei Programmansagen und Fahrplanangaben. Achtung: Neuerdings hört man häufig *half six* (anstelle von *half past six*).

82 Das Datum – The date

Zur Angabe des Datums brauchst du auch im Englischen die Ordnungszahlen. Anstelle des Punktes, den wir im Deutschen setzen, werden im Englischen die letzten beiden Buchstaben des Ordnungszahlworts an die Ziffer angehängt: *1st, 2nd, 3rd, 4th, …*

First, second, third sind Ausnahmen, ab *fourth* wird immer *-th* an die Grundzahl angehängt. Bei einigen Ordnungszahlen verändert sich dabei die Schreibweise (z. B. *twel**ve** – twel**f**th, twent**y** – twent**ie**th*).

31st January	=	the thirty-first of January
January 31st	=	January the thirty-first

Beide Formen der Datumsangabe existieren nebeneinander. Allerdings überwiegt im britischen Englisch (BE) die erste Form, im amerikanischen Englisch (AE) dagegen die zweite Variante.

Es wird beim Schreiben des Datums in England zunehmend auf die letzten beiden Buchstaben der Ordnungszahl verzichtet: *31 January*. Beachte, dass auch dann kein Punkt steht, der Monatsname in Worten geschrieben ist und trotzdem *the thirty-first of January* gesprochen wird.

Anhang: Leicht zu verwechselnde Wörter

1 to bring – to take

Beide Verben stehen für das deutsche *bringen*. Im Englischen musst du aber genauer unterscheiden.

Can you **bring** me that blue book over there?

Please **bring** your workbooks every lesson.

My sister **brought** her friend home to listen to some music.

Can you **take** this red book back to the library?

She gave me these books to **take** home.

Did you **take** Aunt Jane to the station?

Bei *bring* ist immer gemeint, etwas zum Standort des Sprechers *her*bringen: *her*ein, *her*auf, *her*unter usw.

Bei *take* ist die Bedeutung entgegengesetzt. Es wird etwas vom Standort des Sprechers weg und zu einem andern Ort *hin*gebracht: *hin*unter, *hin*über.

us back · me **bring** up · in down Immer im Sinne von *her*bringen!	home back · to … **take** there · over with … Immer im Sinne von woanders *hin*bringen!

2 to wear – to carry

Beide Verben bedeuten im Deutschen *tragen*, meinen aber etwas ganz Unterschiedliches.

She **wore** her new trainers.

I can't **wear** my jacket now. It's so hot.

He was **wearing** a new sweatshirt.

She **carried** her old trainers in a box.

Can you **carry** my bag for a while?

He **carried** a box of new sweatshirts to the shelf.

Das Verb *wear* bedeutet, etwas am Körper tragen, d. h. etwas anhaben.

Das Verb *carry* dagegen meint, etwas in den Händen, den Armen, auf den Schultern tragen, d. h. etwas transportieren.

3 to expect – to wait – to look forward

Diese drei Verben stehen für unterschiedliche Aspekte des Wartens oder Erwartens.

We are **expecting** wonderful sunshine.

Did you **expect** the teacher or the headteacher to come in first.

Das Verb *to expect* verwendest du, wenn du erwartest, dass etwas oder jemand in Kürze eintritt bzw. eintrifft.

After the landing we had **to wait for** our baggage.

I'm **waiting for** the bus. It's late.

Bei *to wait (for)* wartest du an einem bestimmten Ort darauf, dass etwas geschieht oder jemand kommt.

We would always **look forward to** our grandparents' visits.

They are **looking forward to** their trip to London.

Bei *to look forward (to)* ist Vorfreude im Spiel. Du freust dich darauf, dass in Kürze etwas geschieht oder jemand kommt.

4 between – among

Die deutsche Bedeutung beider Wörter lautet *zwischen*.

There are some farms **between** the village and the coast.

Do you want to sit **between** Harry and Jenny?

Du verwendest *between* immer dann, wenn du von zwei Dingen, Ereignissen, Personen usw. sprichst.

The reporter moved **among** the people and asked them questions.

They saw Asterix and Obelix **among** the trees.

Wenn von mehr als zwei Lebewesen oder Dingen die Rede ist, brauchst du *among*.

5 what – which

What language did they speak?

Welche Sprache (von allen Sprachen der Welt) sprechen sie?

Du fragst nach etwas aus einer unbegrenzten oder unbestimmten Menge.

Which one would you like – the green one or the brown one?

Welches (von beiden) hättest du gern – das Grüne oder das Braune?

Du beziehst dich in deiner Frage auf eine zahlenmäßig begrenzte Menge.

6 to make – to do

Diese beiden Verben musst du im Englischen genau unterscheiden.

My grandma **makes** the best pancakes.

He **made** a noise.

Did she **make** a phone call?

I hope you've **made** the right decision.

Have you **made** your choice?

We **did** a lot of work yesterday.

I can **do** the shopping.

Did you **do** all the cleaning?

They **did** a good job.

You should **do** your homework.

Bei *make* musst du daran denken, dass etwas (mit den Händen) hergestellt bzw. gemacht wird.

Das Verb *make* geht außerdem mit bestimmten Substantive eine feste Verbindung ein, z. B. mit Wörtern aus dem Bereich der Kommunikation: *comment, excuse, noise, protest, speech, remark.*

Außerdem steht *make* mit Substantiven, die mit Plänen, Absprachen und Entscheidungen zu tun haben: *plan, appointment, decision, start, choice.*

Bei *do* gehst du davon aus, dass eine Handlung oder Aufgabe ausgeführt wird.

Auf *do* folgt oft ein Verb mit *-ing*: *to do the shopping.*

Viele Substantive, an die *do* gebunden ist, haben mit der Arbeitswelt zu tun: *business, cleaning, cooking, duty, exercise, homework, housework, washing, shopping, work, washing-up, job.*

Irregular verbs

infinitive	simple past	past participle	German
be [bi:]	was, were [wɒz, wɜ:]	been [bi:n]	sein
bear [beə]	bore [bɔ:]	borne [bɔ:rn]	aushalten
beat [bi:t]	beat [bi:t]	beaten ['bi:tn]	schlagen, besiegen
become [bɪ'kʌm]	became [bɪ'keɪm]	become [bɪ'kʌm]	werden
begin [bə'gɪn]	began [bə'gæn]	begun [bə'gʌn]	beginnen
bend [bend]	bent [bent]	bent [bent]	beugen, biegen
bet [bet]	bet [bet]	bet [bet]	wetten
bite [baɪt]	bit [bɪt]	bitten ['bɪtn]	beißen
blow [bləʊ]	blew [blu:]	blown [bləʊn]	blasen
break [breɪk]	broke [brəʊk]	broken ['brəʊkn]	brechen
bring [brɪŋ]	brought [brɔ:t]	brought [brɔ:t]	bringen
build [bɪld]	built [bɪlt]	built [bɪlt]	bauen
burn [bɜ:n]	burnt [bɜ:nt]	burnt [bɜ:nt]	brennen
buy [baɪ]	bought [bɔ:t]	bought [bɔ:t]	kaufen
catch [kætʃ]	caught [kɔ:t]	caught [kɔ:t]	fangen
choose [tʃu:z]	chose [tʃəʊz]	chosen ['tʃəʊzn]	(aus)wählen
come [kʌm]	came [keɪm]	come [kʌm]	kommen
cost [kɒst]	cost [kɒst]	cost [kɒst]	kosten
cut [kʌt]	cut [kʌt]	cut [kʌt]	schneiden
do [du:]	did [dɪd]	done [dʌn]	machen, tun
draw [drɔ:]	drew [dru:]	drawn [drɔ:n]	zeichnen
drink [drɪŋk]	drank [dræŋk]	drunk [drʌŋk]	trinken
drive [draɪv]	drove [drəʊv]	driven ['drɪvn]	fahren
eat [i:t]	ate [et]	eaten ['i:tn]	essen
fall [fɔ:l]	fell [fel]	fallen ['fɔ:ln]	fallen
feed [fi:d]	fed [fed]	fed [fed]	füttern
feel [fi:l]	felt [felt]	felt [felt]	(sich) fühlen
fight [faɪt]	fought [fɔ:t]	fought [fɔ:t]	kämpfen
find [faɪnd]	found [faʊnd]	found [faʊnd]	finden
fling [flɪŋ]	flung [flʌŋ]	flung [flʌŋ]	werfen, schleudern
fly [flaɪ]	flew [flu:]	flown [fləʊn]	fliegen
forget [fə'get]	forgot [fə'gɒt]	forgotten [fə'gɒtn]	vergessen
get [get]	got [gɒt]	got [gɒt]	holen, bekommen
give [gɪv]	gave [geɪv]	given ['gɪvn]	geben
go [gəʊ]	went [went]	gone [gɒn]	gehen
grow [grəʊ]	grew [gru:]	grown [grəʊn]	wachsen, (an)bauen
hang [hæŋ]	hung [hʌŋ], hanged [hæŋgd]	hung [hʌŋ], hanged [hæŋgd]	hängen
have [hæv]	had [hæd]	had [hæd]	haben
hear [hɪə]	heard [hɜ:d]	heard [hɜ:d]	hören
hide [haɪd]	hid [hɪd]	hidden ['hɪdn]	(sich) verstecken
hit [hɪt]	hit [hɪt]	hit [hɪt]	schlagen
hold [həʊld]	held [held]	held [held]	halten
hurt [hɜ:t]	hurt [hɜ:t]	hurt [hɜ:t]	verletzen, wehtun
keep [ki:p]	kept [kept]	kept [kept]	(be)halten
know [nəʊ]	knew [nju:]	known [nəʊn]	wissen, kennen
learn [lɜ:n]	learned [lɜ:nt], learnt [lɜ:nt]	learned [lɜ:nt], learnt [lɜ:nt]	lernen
leave [li:v]	left [left]	left [left]	(ver)lassen
lend [lend]	lent [lent]	lent [lent]	(ver)leihen

infinitive	simple past	past participle	German
let [let]	let [let]	let [let]	lassen
lie [laɪ]	lay [leɪ]	lain [leɪn]	liegen
lose [lu:z]	lost [lɒst]	lost [lɒst]	verlieren
make [meɪk]	made [meɪd]	made [meɪd]	machen
mean [mi:n]	meant [ment]	meant [ment]	bedeuten
meet [mi:t]	met [met]	met [met]	treffen, begegnen
pay [peɪ]	paid [peɪd]	paid [peɪd]	zahlen, bezahlen
put [pʊt]	put [pʊt]	put [pʊt]	setzen, stellen, legen
read [ri:d]	read [red]	read [red]	lesen
rid [rɪd]	rid [rɪd]	rid [rɪd]	befreien (von)
ride [raɪd]	rode [rəʊd]	ridden ['rɪdn]	reiten, fahren
ring [rɪŋ]	rang [ræŋ]	rung [rʌŋ]	klingeln, anrufen
run [rʌn]	ran [ræn]	run [rʌn]	laufen, rennen
say [seɪ]	said [sed]	said [sed]	sagen
see [si:]	saw [sɔ:]	seen [si:n]	sehen
sell [sel]	sold [səʊld]	sold [səʊld]	verkaufen
send [send]	sent [sent]	sent [sent]	schicken, senden
set [set]	set [set]	set [set]	setzen, stellen, legen
shake [ʃeɪk]	shook [ʃʊk]	shaken ['ʃeɪkn]	schütteln
shine [ʃaɪn]	shone [ʃɒn]	shone [ʃɒn]	scheinen
show [ʃəʊ]	showed [ʃəʊd]	shown [ʃəʊn]	zeigen
shoot [ʃu:t]	shot [ʃɒt]	shot [ʃɒt]	schießen
shut [ʃʌt]	shut [ʃʌt]	shut [ʃʌt]	schließen
sing [sɪŋ]	sang [sæŋ]	sung [sʌŋ]	singen
sink [sɪŋk]	sank [sæŋk]	sunk [sʌŋk]	sinken
sit [sɪt]	sat [sæt]	sat [sæt]	sitzen
sleep [sli:p]	slept [slept]	slept [slept]	schlafen
speak [spi:k]	spoke [spəʊk]	spoken ['spəʊkn]	sprechen
spell [spel]	spelled [spelt], spelt [spelt]	spelled [spelt], spelt [spelt]	buchstabieren
spend [spend]	spent [spent]	spent [spent]	ausgeben (*Geld*), verbringen (*Zeit*)
spill [spɪl]	spilled [spɪlt], spilt [spɪlt]	spilled [spɪlt], spilt [spɪlt]	ausschütten, vergießen
split [splɪt]	split [splɪt]	split [splɪt]	aufsplitten, trennen
spread [spred]	spread [spred]	spread [spred]	(sich) ausbreiten
stand [stænd]	stood [stʊd]	stood [stʊd]	stehen
steal [sti:l]	stole [stəʊl]	stolen ['stəʊln]	stehlen
stick [stɪk]	stuck [stʌk]	stuck [stʌk]	kleben, stecken
swear [sweə]	swore [swɔ:]	sworn [swɔ:n]	schwören; fluchen
swim [swɪm]	swam [swæm]	swum [swʌm]	schwimmen
take [teɪk]	took [tʊk]	taken ['teɪkn]	nehmen, (hin)bringen
teach [ti:tʃ]	taught [tɔ:t]	taught [tɔ:t]	lehren
tear [teə]	tore [tɔ:]	torn [tɔ:n]	zerreißen
tell [tel]	told [təʊld]	told [təʊld]	erzählen, sagen
think [θɪŋk]	thought [θɔ:t]	thought [θɔ:t]	denken
throw [θrəʊ]	threw [θru:]	thrown [θrəʊn]	werfen
understand [ˌʌndə'stænd]	understood [ˌʌndə'stʊd]	understood [ˌʌndə'stʊd]	verstehen
wake [weɪk]	woke [wəʊk]	woken ['wəʊkn]	wecken, aufwachen
wear [weə]	wore [wɔ:]	worn [wɔ:n]	tragen (*Kleidung*)
win [wɪn]	won [wʌn]	won [wʌn]	gewinnen
write [raɪt]	wrote [rəʊt]	written ['rɪtn]	schreiben

Grammar list

German / Latin	English	Example	No. (Page)
Adjektive	adjectives		
– attributiver und prädikativer Gebrauch	– attributive and predicative use	They have got a **big** house. The Cliftons' house is **big**.	**19** (16)
– Steigerung auf *-er / -est*	– comparison with *-er / -est*	cheap – cheap**er** – cheap**est**	**20** (17)
– Steigerung mit *more / most*	– comparison with *more / most*	interesting – **more** interesting – **most** interesting	**21** (17)
– unregelmäßige Steigerung	– irregular comparisons	good – **better** – **best**	**22** (18)
– als Substantive	– as nouns	The **poor** were very helpful.	**24** (18)
Adverbien	adverbs of manner	She said that very **nicely**.	**25** (19)
– abgeleitete Adverbien	– *-ly* adverbs	He gives his answers **quickly.**	
– nicht abgeleitete Adverbien	– adverbs same as adjectives	Your dog can run very **fast.**	
– Steigerung der Adverbien	– comparison of adverbs	You must explain it **more** clearly.	
– der Häufigkeit	– of frequency	Their dog **always** barks at me.	**26** (21)
– der Zeit und des Ortes	– adverbs of time and place	We watched that film **twice.**	**27** (21)
Apostroph	apostrophe	I'**m** / I'**d** / the boys'**s**	**18/30** (16/23)
Artikel	article		
– bestimmter Artikel	– definite article	**the** United States, **the** west	**2** (5)
– unbestimmter Artikel	– indefinite article	We meet three times **a** week.	**1** (5)
Aufforderungssätze	commands and requests	**Come** quickly! **Let's** go!	**62** (44)
Bedingungssätze	conditional sentences		
– Typ I	– type I	**If** it rains, he'**ll** practise indoors.	**69** (47)
– ⟨Typ II⟩	– type II	**If** I lived in Florida, I **would** do watersports.	**70** (47)
Bestätigungsfragen	question tags	It works, **doesn't it**?	**80** (53)
Bitten äußern: *I'd like* und *I want*	I'd like and I want	**I'd like** an ice cream, please. / **I don't want** an ice cream.	**61** (43)
Datum	date	23**rd** July / 28**th** August	**82** (54)
Fragen mit Fragewörtern und *do / don't* und *does / doesn't*	questions with question words and *do / don't* and *does / doesn't*	**What do** you like? / **Who does** he love?	**38** (27)
Fragen und Kurzantworten mit *do / don't* und *does / doesn't*	questions and short answers with *do / don't* and *does / doesn't*	**Do** you like music? – **Yes, I do.** / **No, I don't.** / **Does** he sing? – **Yes, he does.** / **No, he doesn't.**	**37** (26)
Fragewörter *who / what / where / how*	question words *who / what / where / how*	**What**'s this? / **How** old are you?	**32** (24)
Formen des Futurs	forms of the future		**47** (33)
– *will*-Futur	– will-future	It **will** rain later in the afternoon.	
– *going to*-Futur	– going to-future	He's **going to** take part in the race.	
– Verlaufsform im Präsens	– present progressive	She's **running** in the Marathon in May.	
– Präsens (einfache Form)	– simple present	The train **arrives** at half past twelve.	
+*Future perfect*	future perfect	Next week they **will have gone**.	**48** (35)
Gebrauch von *you*	use of *you*	Can I help **you**? / **You** must wait here.	**10** (11)
s-Genitiv	*s*-genitive	Tessa**'s** hobbies / the girls**'** friends	**16** (15)

German / Latin	English	Example	No. (Page)
+Gerundium	gerund	**Sailing** is fun.	**8** (10)
has got / have got	has got / have got	**Has** she **got** a hobby? / They **haven't got** it.	**33** (24)
Indirekte Rede	reported speech		
– ohne Zeitverschiebung	– without timeshift	He **says** he's missed the bus.	**73** (50)
– +mit Zeitverschiebung	– +with timeshift	She **said** she couldn't make it.	**74** (50)
– +Fragen in der indirekten Rede	– +questions in reported speech	He **asked** me **where** we had been.	**75** (51)
Infinitiv	infinitive		
– nach Fragewörtern *where to / what to / how to / when to*	– after question words *where to / what to / how to / when to*	They told me **where to** sit down. I don't know **what to** do.	**65** (45)
– nach Verben des Wünschens oder Aufforderns	– after verbs expressing wishes and commands	They **expect her to** join them. She **warned them not to** forget the last exercise.	**66** (45)
Kurzantworten auf Fragen mit *to be*	short answers with *to be*	**Is** she back? – **Yes, she is.** / **Are** we late? – **No, you aren't**.	**31** (23)
Kurzformen	short forms	I'**m** / we'**re** / let'**s**	**29** (22)
Modale Hilfsverben	modal auxiliaries		
– Hilfsverb *can*	– modal auxiliary *can*	**Can** he come today? – No, he **can't**.	**57** (40)
– Ersatzformen *be able to / be allowed to / have to*	– substitutes *be able to / be allowed to / have to*	He wasn't **allowed to** come. They **have to** go now.	**58** (41)
much und *many*	*much* and *many*	There's not **much** work to do. / How **many** kids are there?	**5** (7)
of-Genitiv und *s*-Genitiv	*of*-genitive and *s*-genitive	The music **of** the plays has been lost. We love Shakespeare'**s** plays.	**17** (15)
Passiv und Aktiv	passive and active voice	The batteries **are checked** every week.	**71** (48)
– mit *by-agent*	– passive voice with by-agent	The postman was bitten **by** our dog.	**72** (49)
+*Past perfect*	past perfect	He showed me the photo he **had taken**	
– +einfache Form	– simple form	the day before. / They **had been**	**54** (38)
– +Verlaufsform	– progressive form	**waiting** for two hours.	**55** (38)
Perfekt	present perfect	She **has phoned** us. / We **have heard** it.	**49** (35)
– in Frage, Verneinung und Kurzantwort	– in questions, negations and short answers	**Has** she **lost** her bag? – **Yes, she has.** / **No, she hasn't.**	**50** (36)
– und *simple past*	– and simple past	**Have** you ever **seen** that film? Yes, we **saw** it last week.	**53** (37)
– mit *since* und *for*	– with *since* and *for*	I haven't talked to her **since** last week.	**51** (36)
Plural der Substantive	plural of nouns		
– regelmäßige Formen	– regular forms	girl / girl**s**, shop / shop**s**	**6** (8)
– unregelmäßige Formen	– irregular forms	child / child**ren**, knife / kni**ves**	**7** (8)
Possessivbegleiter	possessive determiners		
– Singular	– singular	**I/my – you(r) – he/ his – she/her – it(s)**	**11** (12)
– Plural	– plural	**our(s) – your(s) – their(s)**	
Präpositionen	prepositions		
– für Ortsangaben	– of place	The cat is sitting **under** the table.	**76** (51)
– für Richtungsangaben	– of direction	They are running **around** the tree.	**77** (52)
– Stellung in Fragen	– position in questions	Where are you **from?**	**78** (52)

German / Latin	English	Example	No. (Page)
Präsens (einfache Form)	simple present	She **plays** the guitar. / We **play** in a band.	34 (25)
Präsens von *to be*	simple present of *to be*	she **is** / he**'s** / we **are** / **are** you?	28 (22)
Präteritum (einfache Form)	simple past		
– von *to be*	– of *to be*	Yesterday it **was** really cold.	42 (29)
– regelmäßige Formen	– regular forms	We **listened** to some music.	43 (30)
– unregelmäßige Formen	– irregular forms	I **woke** up early this morning.	44 (31)
– Frage und Verneinung im *simple past* mit *did/didn't*	– questions and negative sentences with *did/didn't*	**Did** you often go to carnivals? No, we **didn't**.	45 (31)
– und *present perfect*	– and present perfect	I **haven't had** an ice cream today. Oh, we **had** one after lunch.	53 (37)
Reflexive Verben	reflexive verbs	I **remember** his last birthday party.	59 (42)
+Reflexivpronomen *-self/-selves*	reflexive pronouns *-self / -selves*	He cut **himself.** You must help **yourselves.**	12 (12)
Relativsätze	relative clauses	The Vikings were the people **who** came in long boats.	67 (46)
– mit *whose*	– with *whose*		68 (47)
s-Genitiv und *of*-Genitiv	*s*-genitive and *of*-genitive	We enjoyed Shakespeare**'s** plays.	17 (15)
some und *any*	*some* and *any*	I'd like **some** ice cream. / Sorry, we don't have **any**.	3 (6)
Stützwort *one/ones*	propword *one/ones*	Which **one** do you want? / The blue **ones**, please.	79 (52)
Substantive und Personalpronomen	nouns and personal pronouns	**Mr Clifton / he, Tessa / she**	9 (11)
Substantivisches Possessivpronomen	possessive pronouns used as nouns	That book belongs to Ann. It's **hers**. She's **a friend of ours.**	13 (13)
there is / there are	*there is / there are*	**There's** a tree in the garden. / **Are there** any flowers?	15 (14)
this und *that* – *these* und *those*	*this* and *that* – *these* and *those*	**This** is my book. / Are **those** your pens?	14 (14)
Uhrzeit	time	It's five **o'clock**. / It's (a) **quarter past** five.	81 (54)
Unregelmäßige Plurale der Substantive (Zusammenschau)	irregualar plurals of nouns	activit**ies** / kni**ves** / child**ren** / **sheep**	7 (8)
+Verben mit zwei Objekten	verbs with two objects	She showed **her friend the new CD.**	60 (43)
Vergangenheit (Zusammenschau)	past tenses	He **has hurt** himself badly. We **went** to the concert last night.	56 (39)
Vergleich im Satz	sentences with comparisons	The blue jacket is **more expensive than** the red one, but **not as expensive as** the green one.	23 (18)
Verlaufsform des Präsens	present progressive	A man **is juggling**. / **Are** you **having** fun?	39/40 (27/28)
– und *simple present*	– and simple present		41 (28)
Verlaufsform des Perfekts	present perfect progressive	She **has been working** in the garden since nine o'clock.	52 (37)

German / Latin	English	Example	No. (Page)
Verlaufsform des Präteritums	past progressive	What **were** you **doing**?	**46** (32)
Verneinte Sätze mit *do* und *does*	negative sentences with *do* and *does*	They like music but they **don't** play an instrument.	**36** (26)
When oder *if*?	*when* or *if*?	**If** I go shopping, I'll buy a comic. **When** I go shopping, I'll buy a comic.	**64** (45)
Wortstellung in Aussagesätzen im Präsens	word order in statements in the simple present	They bully the girls **every day**.	**35** (26)
+Zeitangaben	expressions of time	He waited **until** his mother came.	**63** (44)
Zusammensetzungen von *some* und *any*	compounds of *some* and *any*	I can't find **anything.** But it must be **somewhere**.	**4** (7)

Lösung

1. I have known my grandparents' neighbours for five years.
2. My grandfather is a teacher and he is interested in the music of the 60s.
3. I am visiting my grandparents next month.
4. Last month I wasn't able to visit them.
5. Sometimes homework is more boring than lessons.